勢い好書家は如何に速読家でも
或る程度に於てのツンドク先生たらざるを得ないだろう。
だが、ツンドクの趣味を理解しないものは
愛書家で無いのは勿論真の読書家でも亦無いのを信じて、
私は常にツンドク先生に敬意を表しておる。

内田魯庵「多忙なる読書と批評の困難」

積ん読の本

石井千湖

8 柳下毅一郎
「消費が加速すると欲望も際限なくなって積ん読が生まれる。資本主義が悪いんですよ（笑）」

18 柴崎友香
「一時的に滞在している本で自分専用の図書館を作ってると思えば、急いで読まなくてもいいんじゃないかなって」

28 池澤春菜
「新しく来た本はまず玄関に積みます」

38 小川 哲
「積ん読がたまるばかりで。一部は箱に入れてベランダに置いてます。もう限界ですね」

50 角田光代
「『戦争×文学』は唯一、箱のなかにしまってある積ん読です。リタイアしたあとに全巻読破するのが夢です」

62 しまおまほ
「祖父の書いた『死の棘』も積ん読です」

76 山本貴光
「本は形のあるインデックス。だから私は積ん読がいくら増えても気にしません。むしろ積まなくてどうする」

TSUNDOKU
unread books are far more
valuable than read ones

90 辻山良雄
「読んだ本しか家にないということは、自分がわかっている世界しかないということ。そんなの、つまらない」

100 マライ・メントライン
「積ん読はドイツ語には訳せないと思います。Bücherstapel、本の山という言い方だったらあります」

110 小川公代
「信じていただけないかもしれませんけど、本って生きているんです」

120 飯間浩明
「〈積ん読になっている本があります〉というのは〈毎日ご飯を食べています〉というのと同じです」

130 管 啓次郎
「本が山と積まれたときに、新しい秩序が生まれる。書店や図書館で隣り合うはずのない本が隣り合う」

72 積ん読の悩み相談Q＆A

4 はじめに

140 おわりに

はじめに

積ん読といえば、韓国の詩人キム・ソヨンの「『積ん読』と『積ん読の対義語』」というエッセイにこう書いてあったのを思い出す。

〈本を購入して積んでおくだけで読まないことを、日本では「積ん読」と呼ぶが、読み終えた本を捨てるわたしみたいな人はなんと呼べばいいのだろうか。たぶん「積ん読の対義語」とでも言うべき言葉だろう。読むか読まないかではなく、積むか積まないかが基準であるならばだが〉

韓国には「積ん読」にあたる言葉がないのかと驚いた。日本では昔から使われていたようだ。たとえば一九〇六年発行の『俚諺辞典』（幸田露伴閲、熊代彦太郎編）に「積読法」という項目があって、〈書籍を購ひて讀まず徒に積み置くをいふ〉と説明されている。辞書に載っているくらいだから、当時もそれなりに知られている言葉だったのだろう。日本は百年以上も徒に、つまりむやみやたらに、本を積み続けてきた者たちの国なのだ。「積ん読」には読めもしないのにこんなに買って、という自虐的なユーモアや、うっすらとした罪悪感がにじんでいる。

なぜわたしたちは本を積んでしまうのか。

わたしは、新刊の書評を主な生業にしているライターだ。「書評家」と呼ばれることもある。子供のころから本を読むのが好きで、好きなことを仕事にしているわけだが、日々部屋に積み上がっていく本の存在には悩まされている。本を横向きにして収納することができるタワー型の棚二台（合計二百冊程度は入る）を積ん読専用にしているものの、常に限界まで埋まっているのだ。リビングの壁一面を占めている本棚の中にも、仕事部屋の壁三面にある本棚の中にも、押し入れの中にも、読んでいないという意味での積ん読が詰まっている。

東日本大震災のときに、棚から本が全部雪崩れ落ち、床が埋め尽くされて死ぬかもと思った。以来、可能なかぎり床には積まないように頑張っている。それでも、気がつけば足元には本の山、山、山。整理整頓が大の苦手なので、持っているはずの本が見つからず、諦めて買いなおすこともしょっちゅうだ。

もう家の中にはすでに読みきれない量の本があるのに、新たに本を買ってしまう。書店に行けば平気で一時間以上うろついているし、手ぶらで帰ることはまずない。本が本を連れてくるのだと思う。持ち主には友達が少ないのに……。

ある日、旧知の編集者である小田真一さんに「積ん読の本を作りませんか」という依頼をいただいた。しかも、識者に実際の積ん読を見せていただきながら、積ん読している人に話を聞く、という企画。なにそれめちゃくちゃ面白そう！ というわけで、十二人のかたに取材し、出来上がったのがこの本だ。斯界の本読みであるみなさんの素晴らしい積ん読の世界へようこそ。

柳下さんの自宅リビング。右手の白い棚の最上段には、知る人ぞ知る稀覯本『ポルの王子さま』（カジノ＝リブモンテーニュ作、中田博訳、ニトリア書房）が鎮座している。

01

柳下毅一郎

YANASHITA Kiichiro

積ん読はどこから積ん読なのか。人はどうして読めもしない本を買ってしまうのか。我々はその謎を解明すべく、都心にある柳下毅一郎さんのご自宅へ向かった。本棚に並んでいるのは、素晴らしくヘンテコな本ばかり！

特殊翻訳家／特殊映画評論家の特殊な積ん読をご覧あれ。

柳下毅一郎さんは他の翻訳家が手をつけない本を好んで訳す「特殊翻訳家」であり、超大作からマイナー作品までタブーなく切り込む映画評論家だ。読書のジャンルも幅広く、引っ越して一年半になるという自宅マンションのいたるところに本棚がある。

「月に一回は書店に行って、ガーッとまとめ買いします。ネット通販でも買いますし、イベントで地方に行くと必ず古本屋に立ち寄る。気になった本はとりあえず買います。

　図書館でもらってきたリサイクル本もあるし、出版社から送られてくる献本もある。もちろん全部は読めません。洋書なんかは半分も読んでないんじゃないかな。でも、いつ何に使えるかわからないので、しょうがなく置いておくんです」

　置いてある本の何をもって「積ん読」と見なすかも難しい問題だ。

「たとえば僕の本棚にはけっこう魔術書が並んでいるんですけど、通読するために買ってないわけです。魔術についてわからないことが出てきたときに、必要な部分だけ読んでいる。ナチ本とかもそう。資料になる可能性がある本は、あまり積ん読とは思わない。写真集のように一度読んだら終わりではない本もあって、読んだ本と読んでない本の境界が微妙なんですよね」

買ってきたばかりの本、出版社からの献本など、まだ読むかどうかも本棚に入れるかどうかも決まっていない積ん読が入った箱。

本棚に入れるかどうか未定のバッファが積ん読

　読んでいない本がすべて積ん読になるとはかぎらない。では、柳下さんにとっての積ん読とは？

「買ったはいいが、そのままバッファとして積まれていく本でしょう。本棚に入れてしまうと積ん読じゃない気がする。読んでなくても、一応整理はできてるから。これから読むのか、すぐに読まなくても本棚に入れておくのか、始末を決められない、中間地帯にあるのが積ん読です」

　正真正銘の積ん読は、仕事部屋の大きめの段ボール箱に入れている。

「次々と新しい本が来るので、普段はあることを忘れている。ときどき箱をひっくり返して、そういえばこんな本があっ

仕事部屋の本棚の前に置かれているのが積ん読箱。棚からあふれた本は「MURDER」などジャンルが書かれた箱に入っている。

1. 仕事部屋のデスク周りの本棚。2. 愛する死者に捧げるグリーンルームの棚。柳下さんのお父さん、川勝正幸氏、鈴木則文氏の写真が飾られている。3. 自慢本の『福島県犯罪史』。4. ジャック・リヴェット『アウトワン』。

たなと思い出す。ちょっと中を見てみましょうか。

どこかの古本屋で買って袋に入ったままのこれは、エロ本とジャック・ロンドンですね。〝The Search for Weng Weng〟は、日本で持っているのは僕くらいじゃないかな。一九八〇年代のフィリピンで活躍したウェンウェンという小人症の俳優を、オーストラリアのトラッシュ映画マニアが追いかけて作った本。著者から直接買ったのでサイン入りです」

収納スペースは常に不足しているのでやむを得ず処分もしているが、積ん読箱の中身はなかなか減らない。

「小説は買いなおすことができるものも多いし、最近はだいぶ執着しないようになりましたが、ノンフィクションに関しては相当な覚悟がないと手放せないですね。うちにある本はまっとうな「文化」とは言えないものばかりなので、図書館もほとんど収蔵してくれない。持っておかないと二度と手に入らない可能性がある。

積ん読箱の中から出して読むときも小説は後回しで、ノンフィクションを優先的に読みます。ざっとページをめくって内容をつかんで、自分のなかでマッピングするんです」

手元に残すと決めたのに棚に入りきらない本は、ジャンルを書いたバンカーズボックスに収納しているという。

「殺人の箱に入った〝The Best American Crime Writing〟は僕の大好きなアンソロジーです。毎年出ている犯罪ノンフィクションのベスト集成みたいな感じ。〝Texas Monthly〟というテキサス州の雑誌も犯罪記事が面白くて、どこかの箱に入っていると思います」

写真家ロバート・フランクの映像作品集は大きすぎて棚に入らない。

「これがまたデタラメな造りの本で。トランク形の特製ボックスに入っているんですが、ハンドルを持つとタイトルの文字が逆さまになる（笑）。本だけではなく、DVDも積んでいます。買わないとすぐ廃盤になるので。一番大好きなジャック・リヴェットの『アウト・ワン』は、十三時間もあってなかなか観られません。でも、持っておけばいつかは観るかなって」

娯楽として読む小説は電子書籍でも買うが、積ん読はしないという。

「紙の本と違って電子はモノとして残らないから、金を浪費している気がして罪悪感をおぼえます。積ん読はバッファであり、負債でもあるんですよ。どんな本でも買ったからには読まなきゃいけないと思っている。

週に一日くらいは積ん読を減らす日をつくろうとしたこともあるし、一冊買う前に一冊読むと宣言したこともあるけど、結局は無理でしたね（笑）。時間には限りがあって、仕事もしなきゃいけないから、悩んでもしょうがない。読めるときに読みます、という感じです」

消費が加速し欲望は際限なく積ん読が生まれる

柳下さんが積ん読をするようになったのはいつごろだろう?

「子供のころは本を買ったら全部読んでいました。読む以上に買うようになったのは、大学生になって洋書を読みはじめてからです。日本語の本より読むスピードがどうしても遅いので、読み終わる前に次の本を買ってしまう。そこで買わないという選択肢はなかった。消費が加速すると欲望も際限なくなって積ん読が生まれる、みたいな。資本主義が悪いんですよ(笑)」

積ん読箱がある仕事部屋は、本棚に囲まれている。『柳下毅一郎の特殊な本棚』で紹介されていた史上最低のミステリ作家、ハリー・スティーヴン・キーラーの本も並んでいた。

「キーラーの小説では、発音できない変な名前のキャラクターが変な訛り(なま)でしゃべったり、現実にありえないトリックを使った殺人事件が予想もつかないヒントで解決したりする。一人称の主人公が出会う相手ごとに違う名前を名乗って、次々に話をでっちあげていったりとか。リアリティをまったく気にしないで、特別な小道具や変わった人を出して、どんでん返しを重ねる感じで書いている。

すごく面白いけれども、晩年は英米の版元に相手にされず、スペイン語版しか出版できませんでした。そんな忘れられた作家の作品を、マニアが集めて全部スキャンして復刻しているんです。キーラーが友達や読者や仕事仲間に送りつけていたニューズレターをまとめた本もある。この手の本は出たときにすぐ買っておかないと、二度と手に入らない」

暇さえあればキーラーのミステリのように変な本だけ読んで生きていきたいという柳下さん。なぜヘンテコなものばかりに惹かれるのだろう。

地球外生命体のミイラ。おそらく荒川区で手芸店を営んでいた故・深澤優典氏による作品と思われる。

「すでに評価が定まっているものは、誰かがまとめて本にしているから、それを読めばすむじゃないですか。僕は既存の体系のギリギリ外側にある、なんだかわからないものが気になるんです。わからないので調べていくと、結果として変なものに行き着く」

最近興味があるのは、ハリー・スミスというアメリカのフォーク・ミュージックのコレクターだという。

「ハリー・スミスは実験映画作家でもあるんです。四面スクリーンで同時上映したりとか、いろんな仕掛けがあって面白い。どうやって作るんだろうと思っていたら、たまたまうちに『ハリー・スミスは語る』というインタビュー集があった。それを読むと、ハリー・スミスは魔術師でもあるということがわかって、不思議な映画の作り方も書いてあったんですけど、どうして日本で翻訳されることになったのかわからない。すごく気になりますね」

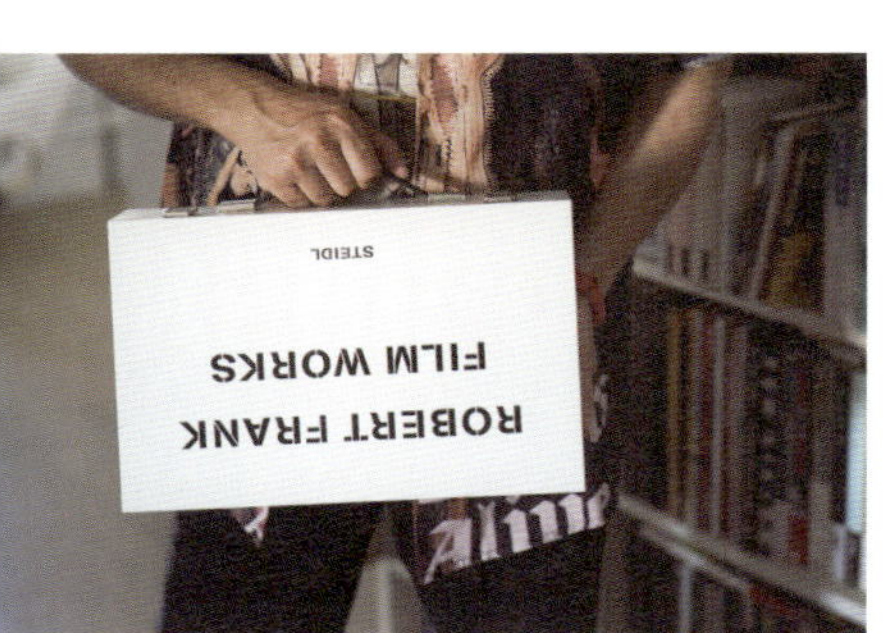

柳下さんが「許せない！」と憤っていたロバート・フランクの映像作品集。

自分の好きな本を読んでいて気がついたら誰もいなかった

特殊な本のほうから柳下さんに近寄ってきている感じもある。寝室には犯罪関係の本が集まっていた。

「殺人事件の本は日本と海外で分けています。切り裂きジャックについての本はけっこう揃ってますね。あと『福島県犯罪史』はおすすめというか、自慢本です(笑)。昭和三十年代だと思いますが、各県警が警察史を出したんですよ。その警察史のなかに、各県で起こった有名な犯罪の歴史をまとめたところがあって調べる上で重宝するんです。ところが福島県警史を編纂(へんさん)した人はめちゃくちゃやる気があったみたいで、犯罪史の部分だけを抜き出して独立した本にしているんです。忘れられた変な事件のディテールが記録されていて、調べていくと面白い。長野県も犯罪史だけで一冊になってます」

書店で売っている本ではないため、持っている人は限られるだろう。

「よく誰も読まないような本をなぜ読むのか聞かれますが、他人が読まない本を選んでいるわけではない。自分の好きな本を読んでいて、気がつくと周りに誰もいなかっただけです」

そんな柳下さんの特殊な本棚。次に案内してくれたのはリビングだ。

「本じゃないけどこれもおすすめです」と出して見せてくれたのは、なんと肉筆の

柳下さんは伝説的怪作『ピンク・フラミンゴ』で知られる映画監督、ジョン・ウォーターズの著書の翻訳も手がけている。

文字が書かれた日記帳。

「昭和二十年代に金沢に住んでいた女性の日記です。古本屋で売っていました。思いを寄せている大学生とイチャイチャする様子や、大学生と別の男の間で揺れる乙女心が綴られています。どちらかの男が富山人だったみたいで、富山をディスっているところも面白かったです。日記は大学生が誰かと婚約したという記述を最後にピタッと止まる。その後、この人はどうなったんだろうと想像してしまいます」

仕事部屋と寝室の黒いスチール棚は柳下さんが学生時代から愛用しているクールラック。リビングにある白いイケアの本棚は、一緒に暮らしているパートナーの持ちものだった。

「彼女は編集者で僕と本の好みも似ているから、同じ本がダブることもあります。フィリップ・K・ディックの『ヴァリス』は二人あわせて四冊持っている。オリンピア・プレスやトレヴィルの本もかぶってますね。

自分で買ったことを忘れて、もう一冊買ってしまった本もある。ダブり本は売ればいいんでしょうけど、なんとなく売れない。今じゃないという感じがして」

愛する死者と語り合う グリーン・ルームの棚

白い棚のなかで目を引くのが、ウィスキーのボトルがあるコーナーだ。

「ウィスキーボトルが置いてある棚は、僕にとってのグリーン・ルーム。フランソワ・トリュフォーの『緑色の部屋』という映画があるんですよ。

若くして妻に先立たれた主人公が愛する人の写真や遺品を集めた祭壇のある部屋を作って、死者と語り合うという。トリュフォーが監督したなかでもあまり人気のない映画ですけど、僕は大好きで。亡くなった父とか友達とかにまつわるものを飾っています」

リビングには映画のポスターや謎めいた雑貨も飾られている。柳下さんが翻訳した『厄介者のススメ　ジョン・ウォーターズの贈る言葉』もあった。

「僕はここ数年、ジョン・ウォーターズ監督のサマーキャンプに行っているんですよ。参加している人たちと仲良くなって、みんなで手づくりのグッズを交換したりしてます。ジョン・ウォーターズのサイン本もあります。

あとはエド・ゲインの胸像とか、地球外生命体のミイラもありますね。大きな虫のおもちゃは、デヴィッド・クローネンバーグの『裸のランチ』に出てきたバグライターです。原寸大で。これは安いと思ってすぐ買いました（笑）」

モノは多いがきちんと整理されていて、一つひとつがあるべき場所に収まっている感じがする。

「もう置き場所がなくて限界なんですけどね。

東日本大震災のあと、本を減らさなきゃいけないと思って、蔵書の三分の一くらいを売り払ったことがあるんです。漫画は大友克洋と山本直樹だけとか、残す本を厳選したことで、本と別れるのは死ぬときだという覚悟が固まった気がします。僕がずっと翻訳しているアラン・ムーアのグラフィック・ノベルなど、大事な本は墓場まで持っていくつもりです」

映画『サイコ』『羊たちの沈黙』などに影響を与えたと言われる連続殺人犯エド・ゲインの胸像。

やなした・きいちろう
1963年生まれ。東京大学工学部卒。英米文学翻訳家・映画評論家。主な著書は『興行師たちの映画史』（青土社）、『皆殺し映画通信』（フィルムアート社）。最新訳書はアラン・ムーア『プロビデンス Act3』（国書刊行会）。

02

柴崎友香

SHIBASAKI Tomoka

いつのまにか部屋に本の山がそびえている。小説家の柴崎友香さんもそんな積ん読者の一人。引っ越しのときに地獄を見ても、本を買うのはやめられない！片づけられない人は身につまされること請け合いの体験談。

TSUNDOKU
unread books are far more valuable than read ones

柴崎さんの家で最も大きい本の山。カリブ海思想入門から、新宿学の本、アメリカ音楽史、お金と家族論、SF小説までジャンルは雑多。未読の本と既読の本も混ざっている。

「最近引っ越したんですよ。本だけで二百箱、その他の荷物が七十箱くらいありました。そのまま置いておいたら生活できないので、友達に手伝ってもらって箱を開けて、とりあえず中身を全部出したんです。前の家ではもうちょっとジャンル別に並べていたんですけど、今はぐちゃぐちゃです。常に所在を確認していた『ルー・リード詩集』も、どこにあるかわからない」

『百年と一日』など独自の視点で時間と場所を描いた小説が高く評価されている柴崎友香さん。子供のころはそれほど本を持っていなかったという。

「漫画が好きで、雑誌の『りぼん』や『週刊少年ジャンプ』を買っていました。文字の本は学校の図書室で借りることが多かったと思います。週に一回、図書の時間があって。一週間借りられるけど、当日に読み終わってしまう。あとは図書委員をずっとやってました。放課後の当番のとき本を読めるんです」

大人になり、小説を書きはじめてから、本を買う量が著しく増えた。

「学生のときは図書館で借りても、決められた期限までに絶対返却できなくて。だから、気になった本は資料として買っておこうという感じになりました」

積ん読の背景にあるのはジャンル多すぎ問題

新居に運び込んだ二百箱分の本は、空いているところに手当たりしだいに詰めていった。床に積み上げられているのは、棚に入らなかった本。未読の本も相当数混ざっている。どうして柴崎さんは積読するのだろう。

「ある人の本棚を見せてもらったら、すごくたくさん読む人なのに、部屋が片づいていてすっきりしていたんです。なぜだろうと考えて、気づきました。うちは本のジャンルが多すぎだって。私は文学だけじゃなくて、地理や戦争にまつわる本、美術や映画に関する本も。読みもの以外に、地図、画集、写真集、展覧会の図録も買います。あれもこれも興味があって、読むスピードは遅いから、どうにも収拾

新聞連載をしていたときに購入したストッカーも本の収納に使っている。キャスター付きで便利。

リビングにあるのは「頑丈本棚」。棚板1枚の耐荷重量が30kgで、たわみにくいので愛用している。1段につき前後2列に本が並ぶ。

がつかなくなってしまうんだなって」

柴崎さんは二〇二一年と二〇二二年に読売新聞の「読書委員」を務めた。読書委員とは、新刊のなかから書評すべき本を選び、紹介する識者のことだ。

「読書委員になったら本を買う量が減るんじゃないかという期待がちょっとあったんです。新聞社で新刊本を集めた会議があって、書評を検討する本は持って帰れるので。でも、実際に会議に出てみたら、歴史とか経済とか社会学とか、これまであまり得られなかったジャンルの新刊情報が入ってきて。どの本も面白そうに見えるので、その後さらに自分で買うようになって、本の増えるスピードが一気に加速しました(笑)」

知的好奇心を刺激されると、本が増えるのだ。特定のジャンルに詳しい人の話に触発されることもある。

「『短篇集　ヘンルーダ』の著者で書店員の松岡千恵さんが新宿や池袋のジュンク

『一年一組　せんせいあのね』（鹿島和夫編、理論社）。親に置き去りにされた子の話もあり、社会問題を含む内容。

堂で芸術書を担当していたときはお世話になりました。いつもお店に行くと他の人が知らないような本を教えてくれたんです。北海道の木彫りの熊の写真集とか」

みんなが読んでいる作家のよさがつかみきれないときは、その作家に精通した人におすすめを聞くという。

「若いときに、大江健三郎さんの代表作と言われる本を何冊か読んで、すごいとは思ってもいまひとつ入り込めない感じがありました。それで大江さんの小説が好きな人に聞いて、すすめられた『「雨の木（レイン・ツリー）」を聴く女たち』を読んでみたら、めちゃくちゃよかったんですね。そこから前に読んだ作品を読み直したら、かなり感覚が変わりました」

創作にはインプットが必要不可欠だ。

「外国文学は油断して新刊の時期を逃すと、読みたいと思ったときには品切れで、古書の価格も上がることも多い。だからすぐ読めなくても買うことにしています。映画が好きで、ＤＶＤも入手困難になりがちなので買う。職業柄、本やＤＶＤにはお金を惜しまないと決めています。ここ以外にどこに使うんだと思います」

漫画は電子書籍も多いが、山田参助が戦中戦後を描いた『あれよ星屑』は紙の本で揃えている。

一時的に滞在している本で自分専用の図書館を作る

積ん読に対して罪悪感をおぼえる段階

岩波文庫版『失われた時を求めて』の上にあるのは『ネガティブ思考こそ最高のスキル』のカバー。

はだいぶ前に通りすぎたという。

「比較文学者の管啓次郎さんは『本は読めないものだから心配するな』に〈すべての本はこの机に一時滞在するにすぎず、何らかの痕跡を残して、必ず去ってゆく〉と書いている。あと社会学者の服部恵典さんがツイッター（現X）に投稿していた言葉がしっくりきたんです。〈積読っていうのは、「読まない本を買ってる」んじゃなくて「自分のための図書館を建ててる」んですよね〉という。一時的に滞在している本で自分専用の図書館を作ってると思えば、急いで読まなくてもいいんじゃないかなって。作家の奥泉光さんが、背表紙を読んだだけで本は読んでいることになる、そして読み終わることはないと言っていましたし」

確かに公共図書館はいつでも行ける場所ではないし、借りた本が自分のところに滞在する時間も短い。

「積んでいる本は、いつ読みどきが来るかわかりません。なにかのきっかけで話題になっている本が、積んどいてよかったと思ったりします。ある本を読んでいて出てきた本が積んであって、やっぱり自分の関心はつながってるんだと再確認して、読み始めることもあります。そこでまた今度となったら忘れて時期をのがすかもしれないし、今読まなくてもすぐ手に取れる場所にあるというのは自分にとってはだいじですね」

柴崎さんの部屋は、柴崎さん専用の図書館。このなかで最古の本は？

柴崎さんが利用している収納サービス「サマリーポケット」の画面。預けた本の情報が書影付きで見られる。

「読んだ時期が一番古いという意味で言うと『一年一組　せんせいあのね』。小学校の先生が生徒の書いた詩をまとめた本です。私も小学校で一年一組だったときに読みました」

「家が火事になってしまったり今読み返すとつらい内容の詩も多いのですが、書けるようになったばかりの言葉でシンプルに表される詩がすごく心に響いたんだと思います。同じ一年生だから、私にも書けるかもと思ったことが、今の仕事につながっています。ただ、この本自体は大人になって買いなおしたものです。長年持ち続けているという意味で古いのは、全文書き写したこともある夏目漱石の『草枕』かもしれません。奥付を見ると平成三年九十三刷と書いてあります」

本の中身がないカバーだけが、棚の隙間に置かれているのも見える。

「『ネガティブ思考こそ最高のスキル』は、自分がネガディブ思考だから気になって

買いました。読みかけのままですけど。自己啓発系の本は、どういう考え方が展開されているのかという興味から読むことがあります。自分と考え方の違う人がどういう本から影響を受けているのか気になるというのもあり、自分とは傾向の違う本も手に取るようにしてます。本を読むときはカバーを外してしまうんですよ。読んでるときにずれると気になってしまって。逆に中身だけが本棚に残っていることもあります。読み終わったら元どおりにするつもりなんですけど、カバーか本体のどちらかが行方不明になりがちです」

世界一積ん読率が高い？あの名作を読む

ネガティブ思考のカバーの下には、マルセル・プルーストの『失われた時を求めて』が並ぶ。世界一積ん読率が高いかもしれない名作だ。

「岩波文庫から吉川一義さん新訳の『失われた時を求めて』が刊行されたときに、一巻ずつ読んでいく大学の読書会があって、ゲストとして呼ばれたんです。全十四巻のうち、自分が担当する十三巻まで読みました。文章自体が難解ということもないし、個々のエピソードと思考が連なっていく流れがおもしろいですね。最後の一冊だけ積ん読しているので、いつかは読みたいと思います(笑)」

長大な物語は積ん読になりやすいが、『赤毛のアン』シリーズは、ある雑誌に依頼されて全巻読破したという。

「新潮文庫で十冊全部読みました。結婚したアンが六人の子供の母親になったあと、いろんな年齢・境遇の女の人と知り合う後半のほうが、私にとってはめちゃくちゃ面白くて。おばさんたちのおしゃべりが、ほとんど『渡る世間は鬼ばかり』的な世界になるし、その後は娘や孫までつながります」

『失われた時を求めて』の上の段には、ポプラ社の「百年文庫」シリーズが五冊だけ並んでいた。

「百年文庫は『逃』とか『幻』とか『道』とか、漢字一文字をテーマにしたアンソロジーです。日本文学も海外文学もあまり知ら

廊下で本を読む柴崎さん。薄型の本棚には集英社の「ポケットマスターピース」シリーズや戦争関係の文庫が並んでいた。

れていない名作的な作品が多いです。全部で百冊あるみたいですが、存在を知ったときにはすでに出版社で品切れになっていました。もうちょっといろいろほしかったなと思って残念です」

読みたい本は尽きないが、本を置ける空間には限りがある。最近は蔵書の一部を収納サービスに預けることも試しているという柴崎さん。

「専用の箱に入れて送ると一冊ずつ写真を撮ってデータ化してくれるんです。預けた本のなかから必要なときに必要な本を送ってもらう。家の中に積んでいるよりも、読みたい本は探しやすいかもしれません。でも、私は目の前にないものは存在を忘れがちなので、試行錯誤中です。文芸誌を保管するのには便利かもしれません。毎月出てかさばるけれども、作家の対談とか、単行本化されていない作品とか入っていて、資料として役立つことがあるのでとっておきたいんですよね」

柴崎さんがチラッと写り込んでいるという『賃貸宇宙』（都築響一著）。

引っ越しの日に「無理よ！」と声を上げられる

引っ越しがあまりにも過酷だったので、多少は本を整理しなければと考えている。

「私はもともと片づけるのが苦手なんです。本以外の持ち物も多い。都築響一さんが賃貸の部屋を撮影されていたときに居合わせたことがあって、都築さんが松本零士の『男おいどん』という漫画みたいな押し入れを開けると服が雪崩れてくるような部屋の男性は最近はあまりいない、と話されてたんですが、近い状態のときはありますね。数年に一回は引っ越して、強制的に押し入れや引き出しの中身を全部出すことで、ちょっとは整理できる機会にしています」

転居するとき、自分で梱包するといつまでも終わらないため、業者の荷造りサービスを利用するという。今回は三人の女性スタッフが訪れた。

「初日は本の梱包だけで終わりました。部屋だけではなく廊下にまで大量に本が積まれていて、本を出さないと他のものは何も運べないので。そのあと荷造りの方たちが玄関で次の日に必要な段ボール箱の数について相談していました。靴は小の箱がいくつかあれば大丈夫かなみたいなことを話し合っていたんだけど、下駄箱を開けた瞬間『無理よ、靴がみちみちに詰まってる！』って思わず声を上げられたのが聞こえて（笑）。パニック映画のワンシーンのようでした」

荷造りのプロが技を駆使してなんとか箱に詰め込んだ荷物は約二百七十。搬入するのも一苦労だった。

「梱包と運搬が二日ずつで、合計四日間かかったんですよ。運搬の初日に運び入れた箱を開けていかないと二日目の荷物が入らないので、運んだ分からどんどん開けて。体力を使いすぎたのかその後体調を崩してしまい……。でも、この取材は引っ越しから間もなくてまだ片付いていないから、ということにできるから受けられました。本棚以外は、絶対写真に写せません（笑）」

今回見せてもらわなかった部屋も、本棚があり、本も他のものを身動きできないくらい積まれているそうだ。

「『こんまりメソッド』ってあるじゃないですか。ときめきを感じるかどうかで家に残すモノを判断するという。どの本もときめくから買っていて、時間が経ってもときめきが消えるわけじゃないので、捨てられないんですよね。でも少しは整理しないといけない」

積ん読を減らすには、読むしかない。柴崎さんはある方法を考えた。

「ツイッター（現X）で哲学者のスラヴォイ・ジジェクのインタビュー動画を見たことがあって。本を書こうと構えるとなかなか書けないから、これは本を書きはじめているのではない、考えをちょっとメモしているだけだという感じで少しずつ書いていると語っていたんです。メモがたまっていくと本になる。

本もちょっと立ち読みしてる感じで読むと集中できるんじゃないかと。薄型の本棚を置いていた前の家の廊下がなんとなく書店っぽい雰囲気だった、そこに座り込んで読んでみたら、けっこう読めたんですよ。構えないで読むといいかもしれません」

しばさき・ともか
1973年生まれ。作家。2014年、『春の庭』（文藝春秋）で芥川賞を受賞。著書に『寝ても覚めても』（河出書房新社）、『続きと始まり』（集英社）など。自身のADHD体験を綴った『あらゆることは今起こる』（医学書院）も話題。

03

池澤春菜

IKEZAWA Haruna

「いいですね〜」と「建もの探訪」の渡辺篤史のような声が漏れる。積ん読が出迎えてくれる玄関。声優で作家の池澤春菜さんの家だ。文学一家に生まれた幼少期から今にいたるまで、池澤さんの読書生活に迫る。

引っ越して8年ほど経つという素敵な一戸建て賃貸住宅。玄関に積まれているのは主に新刊本。本で扉をふさがれているため、収納棚の中に入っているスリッパが出せない。

新しい本は池澤さん宅にくると最初に玄関に積まれる。積ん読の山は日にちが経過するにしたがって、壁にそって少しずつ移動させられていく。途中で読むために取り出されるものもあれば、読まれないまま奥に行く本も。

「本が積んであるので扉が開かなくて、スリッパがお出しできないんです」

衝撃発言で迎えてくれたのは、作家で声優の池澤春菜さん。確かに、積ん読の背後に収納庫らしきものがある。

「この家に住んで八年になりますが、最初は書庫があるので余裕じゃんと思ったんですよ。全然ダメでした。一年でキャパオーバーしたんです(笑)。書庫にこれ以上詰め込むと、背表紙が見えるように置けなくなる。背表紙に書かれた情報がわからないと、持っていても死んだ本になってしまうので、玄関に積みはじめたんです」

直近の原稿で使う本だけ、仕事部屋に置いているという。

「新しく来た本はまず玄関に積みます。積んだ本は玄関からいろんなところに行って、家に残さないと決まったら、また玄関に戻ってくる。馴染みの古本屋さんが引き取ってくれます」

図書館みたいだった家
積ん読はこれから読む本

祖父は作家の福永武彦、祖母は詩人の原條あき子、父は作家の池澤夏樹。そんな文学一家に池澤さんは生まれた。

「実家の玄関にも本の山がありました。出版社から届く献本の量がすごくて。だから私は小さいころ、本は買うものだと思ってなかったんですよ。父の書庫にも本はたくさんあったので、どこの図書館よりもうちが図書館みたいでした。

玄関の山から気になるものを手にとったり、書庫から抜き出したりして、次々と読んでいました。何を読んでも自由でしたね。止められたのはバートン版の『千夜一夜物語』だけです。父に〈これはもうちょっと大きくなってからにしよう〉と言われました」

バートン版は『千夜一夜物語』のなかでも官能的と言われるバージョンだ。図書館に行く必要がないほど、常に本が身近にあったとはうらやましい。

「私にとっての積ん読はこれから読む本という意味で、読まない積ん読はないんですよ。一度読みはじめた本は最後まで読みます。つまらないから途中でやめるみたいなことがないんです。特に子供のころは、面白いか面白くないか判断する前に読みきっていた。児童文学は読みやすいこともあって、一日に三冊から五冊は読んでいました」

本はいつでもどこでも読む。

「朝起きたら本を読みながら身支度して、本を読みながらご飯を食べて、本を読みながら学校に行く。授業中もなるべく読んで、休み時間も読む。給食

池澤さんの「人生のトリコロール」の一つ、ハヤカワ文庫ＳＦシリーズが並ぶ棚。

GOAL

ゴールは4畳半くらいはありそうな書庫。ここにも本の山がある。床と天井以外は本棚に囲まれている。

の時間だけ読むのを我慢するけど、学校にいるあいだに、一、二冊は読んでいました。放課後に図書室に寄って前日に借りた本を返して、また新しく何冊か本を借りて、その本を読みながら帰ってくる。

本を読みながら歩いたほうが、転んだり、電柱にぶつかったりすることがないんです(笑)。帰宅後もひたすら読む。お風呂に入っているときも読みます。あとは枕元に積んである本を寝落ちする直前まで読む。そんな感じで日常生活のほぼすべて、本を読んで過ごしていました。大人になってもあまり変わっていませんね」

池澤さんがどれだけ読んでも、読む本はなくならなかった。

「親戚も本読みが多くて。特に大伯母が本好きで、うちに岩波ようねんぶんこと岩波少年文庫を毎月二、三冊ずつ送ってくれたんです。『ホビットの冒険』とか『ナルニア国物語』とか『ゲド戦記』とか、主要な児童文学はそれで読みました。大伯母がくれた本は、いまだに大切に持っています。気に入った本を繰り返し読むのも好きなので、本が足りないことはありませんでした」

左手の棚上段にあるのは父・池澤夏樹個人編集の日本文学全集と世界文学全集。

父の書庫で出会った人生のトリコロールカラー

SF好きになったのは、父の書庫での出会いがあったからだ。

「いつだったか父の書庫の一番左の奥の三角コーナーあたりに、好きな本が多いぞということに気づいたんですね。〈パパ、私はここの本が好きだ〉と伝えたら、SFだと教えてくれました。父は若いころSFを熱心に追いかけていて、何百冊も文庫を揃えていたんです。ハヤカワ文庫SFの背表紙が水色、創元SF文庫が藤色、サンリオSF文庫が白なので、私の人生のトリコロールカラーと言っています。それ以来、自分でSFの新刊を買うようになったんです。父とは今でも本の話をします。一番の本読み仲間ですね」

声優になって、文章を書くようになり、読む本も増えていった。

「ただでさえ書庫はキャパオーバーだったんですけど、二〇二三年に読売新聞の読書委員を務めるようになってから、本が爆発的に増えたんです」

そういえば柴崎友香さんも読書委員

リビングのテーブルで、4冊の本を並行して読むところを実演してくれた池澤さん。1冊を読み終わるスピードが速いので、同時進行で読む時間も短く、混乱することはない。

のおかげで増えたと言っていた。

「会議室に二、三百冊集めて、机に並べて、自分が選んだ本に付箋を貼って、一回ぐるっと全員にまわすんですよ。他の人からまわってきた本で自分も読みたいと思ったら付箋を貼る。その後、競りというシステムがあって、自分がその本を選んだ理由を手短にコメントしていく。コメントを聞いて面白そうだと思ったら〈私も読みたいです〉と手を挙げます。読みたい人が一人だったらそのまま持って帰れるし、複数いたら後送してくださる。人気の本は五、六人手を挙げますね」

それまでの読書は小説中心だったが、ジャンルの幅が広がったという。

「野菜の食べ方の本とか、ドローンの本とか、ディスレクシア（識字障害）のかたたちがどういうふうに文字と接していくかを書いた本とか……。手に入りにくい地方出版の本とかもあって、ありがたいですね。好きな本を好きなだけ持って帰って、さらに読んでお金をいただけるなんて。読書委員は夢のような仕事だと思います」

嬉しくてやる気満々になった池澤さんは、新聞社の担当者を驚かせた。

「いくらでも書いていいと言われたので、最初の月に十本書いて送ったんですよ。そうしたら担当さんが〈池澤さん、たいへん心苦しいのですが、書評欄に載せるのは一人につき一本、日曜日は日曜しかなく、日曜日の数は決ま

緑が美しい窓辺。開口部が大きく、日当たりがよいので、リビングにはあまり本を置いていない。

ってお りまして。十本いただくと二ヶ月先まで埋まってしまうのですが、どうしましょう?〉って(笑)。結局、多く書きすぎたぶんは載せられませんでした。今は書けたら一本ずつ、適度に間隔を空けて送っています」

写真を撮るように本が頭のなかに入ってくる

どうしてそんなに速く読めるのか。

きのこのカバーの本は池澤さんの初めての小説集『わたしは孤独な星のように』。

「私はたぶん目がカメラみたいになっていて。目が一文字ずつ追っていくんじゃなくて、ブロック単位で写真を撮る感じで読んでいるんですよ。二、三行ずつ、カシャッカシャッて。本の内容に没頭すると、一度に目に入る範囲が広くなっていく。読んでいるという感覚がなくて、直接頭のなかに文章とイメージが流れ込んでくるんです」

一瞬にして書かれたことを把握できるので、誤植の発見も早い。

「文字がブロック単位で入ってくるので、そのなかで間違い探しをしている感じです。初めてお目にかかった雑誌社のかたに見本誌をいただいて、いきなり〈ここに誤植が〉と指摘して驚かれたこともあります(笑)。速読法とか学んだことはないですけど、ナチュラルに速読しているんでしょうね」

いつでもどこでも本を読むのは、子供のころと変わらない。

「タクシー券をいただけるときがあっても、車の中だと本が読めないので、辞退して電車で帰ります。仕事で読まないといけない本を読んだら、気分転換に自分が読みたい本を読む。旅行に行くときは、一泊二日でもカバンに三、四冊本を入れておきます」

旅行中に三冊も四冊も本を持ち歩くのは重くてかさばりそうだが、電子書籍は読まないのだろうか。

「紙の本じゃないとダメなんですよ。電子書籍だとうまく情報を取り込めないというか。紙の本ならどこに何が書いてあるか頭のなかにだいたい入っている。たとえば書評で引用したい部分があるとき、ここらへんのページにあったなという感じで、すぐに目的の言葉を見つけることができます。電子書籍はここらへんとか曖昧な場所を探すことはできないし、ページを行き来するのも手間がかかるんですよね」

料理が大好きな池澤さん。リビングの収納棚の中には、ぎっしりとレシピ本が。洋書も多い。

付箋などはあまり使わない。

「引用したいところが多くなったら目印のために貼ることはありますが、一、二ヶ所なら覚えているので。付箋を探して貼るくらいなら、もう一度読んだほうが早いと思います。登場人物が多い小説でも混乱しません」

複数の本を同時に読むこともできる。

「いつも三、四冊を同時進行で読んでいます。一冊を読み終わる前に次の本を読みはじめても、それぞれの本を読むのにかかる時間が短いので、簡単に切り替えられる。一日に一冊か二冊は読んで、月に三十冊から五十冊は読んでいるんじゃないでしょうか」

本は食べものと同じ 生活にあたりまえにあるもの

どれだけ読むのか。もう、すごいという言葉しか出てこない。

「私にとって本は食べものなんです。日常生活にあたりまえにあるもので、食べないと生きていけないもの」

本を食べて生きている池澤さんは、料理を愛する人でもある。リビングの収納棚にはレシピ本が詰まっていた。

「海外のレシピの原著を買うのが好きで。日本の料理本と比べると写真がめちゃくちゃ不味そうなのとかあるし、印刷も色が沈み込んでどうなってるのみたいな感じの本もあります。分量も適当なんですよ。でも見ていると面白くて、三百冊くらいはあります」

語学も堪能な池澤さん。英語だけではなくスペイン語の本もある。

「大好きなエインズリー・ハリオットの本はほぼ全部持っています。エインズリーはイギリスのシェフで、めちゃくちゃ陽気なんですよ。もともとはカリブかどこかの島の出身で、歌ったり踊ったりしながら料理をする。でも完璧なクイーンズ・イングリッシュを話す。いろんな土地に行って、その土地の文化を知ること、その土地の料理を作って食べることの楽しさを伝えてくれる。生きる喜びに満ちあふれていて、読んでいると元気が出るんです」

『クマのプーさん』『ドリトル先生』シリーズなど大伯母が送ってくれた岩波少年文庫。

アメリカのスミソニアン博物館で買った南部料理の本など、文化と料理を一緒に紹介した本も好きだという。

「料理の本って多少わからない部分があっても推測しながら読めるんですよね。言語が違っていても、炒める、刻む、塩味つけるとか、料理法は共通していることが多いので。中国語の料理本もたくさんあります。いつか自分でも料理の本を出してみたいですね」

SFエッセイ集、台湾の本、お茶の本など、さまざまな本を出してきた池澤さん。二〇二四年五月、初めての小説集『わたしは孤独な星のように』を上梓した。文学一家の三代目ということでプレッシャーもあった。

「小説は気負いがあったのかなかなか書けなくて、大森望さんが主宰するSF創作講座に通ったんですよね。本名とは別のペンネームで課題を書いて、講評をしてもらって。かなり鍛えられました。

講座で書いた作品にSFプロトタイピングというプロジェクトで書いた作品を加えて本にしたんです。父から長文の感想メールが届きました」

読書仲間だった父は、作家仲間にもなった。最近は小説の資料として、本を買うことも増えたという。

「古本などは通販も使いますが、本屋さんに行って買うことが多いです。偶然の巡り合わせを大事にしたいというか。置き場所は足りないですね。書庫の床は空いているから、底上げできないかなとか考えます。箱の中に本の背表紙が見えるように入れて、ガラスでふたをして、上を歩けるようにする(笑)。いろいろ困ることはありますけど、読みたい本に出会って、手元にお迎えする。積ん読することは、ちっとも悪いことじゃない。できれば、世の中にある本を全部読みたいです」

いけざわ・はるな
ギリシャ生まれ。声優、作家。著書に『SFのSは、ステキのS』『わたしは孤独な星のように』(ともに早川書房)、池澤夏樹との共著に『ぜんぶ本の話』(毎日新聞出版)。劉慈欣『火守』(KADOKAWA)の翻訳も手がける。

04

小川 哲

OGAWA Satoshi

小川哲さんといえば、カンボジアの現代史を背景にした『ゲームの王国』や、義和団事件から第二次世界大戦後までの満洲を舞台にした『地図と拳』の著者である。なんだか重厚な積ん読のイメージをもって取材にのぞんだのだった。しかし、そこで我々が見たものは、灰色の箱だった。

小川さんの自宅マンションのベランダに置かれているボックス。部屋に入りきらないので、やむを得ず外に出した本が収められている。積まれてこそいないが、これもまた積ん読だ。

直木賞を受賞した『地図と拳』をはじめ、小川哲さんは斬新な切り口で時代と人間を描く作家だ。小説の読み巧者としても知られているため、家に大量の献本が届くという。

「ありがたいけど全部は読めないし、もらったものを処分するわけにもいかないし、もちろん自分で買った本もあるし、積ん読がたまるばかりで。一部は箱に入れてベランダに置いています。野ざらしでひどいんですけど、どうしようもなくて。もう限界ですね」

ベランダにある積ん読は初めて見た。屋外用の収納ボックスだから、中身が濡れることはなさそうだ。今の家に引っ越してきて約二年経つ。箱も棚も、入れる本は分類はしていない。

「ジャケ買いした本とか、センスのよさそうな本を並べて、かっこいい本棚を目指したかったんですけどね。本が増えすぎて面倒くさいので、空いたスペースに適当に突っ込んでいます。ベランダのボックスだけではなく、本棚にも未読の本はある。比較的積ん読が多いです。帯がついたままの本は、

読んだ本も置く場所が足りない。

「小説を書くのに使った資料は、全部保存してあります。『地図と拳』だけで段ボール四箱くらい。いただいた本とか、趣味の本とかは、読んだあと冬服を詰めていた布製の衣装ケースの中に入れて、ベッドの下に押し込んでいるんですよ。そろそろ冬服をしまわなきゃいけないのに、入れるところがなくなってしまいました(笑)」

ラグビー部をやめたとき積ん読が生まれた

小川さんが初めて自分で読みたい本を買ったのは中高生のころだ。

「僕の両親は本好きで、父はSFとハードボイルドをよく読んでいたんです。父の本棚から借りて読んだ筒井康隆が面白くて、うちになかった本を買いました。たぶん『農協 月へ行く』だったと思います。そのころは積ん読の概念

リビングのテーブルで本を読む小川さん。脇にある本棚はジャンル分けしていない。本だけではなく友人から預かったボードゲームや、飲めないお酒の瓶も置かれている。帯がついていない本は比較的未読のものが多い。

はなかったですね。買った本は全部読みきっていたので。読了してない本が積ん読だとしたら、最初に積んだのは高校一年生のときだったと思います。ラグビー部をやめたんです」

毎日の練習がかなり厳しく、ケガもしたために、退部したのだという。

「それまでずっとスポーツをやっていたから、一度はじめたことを途中でやめちゃダメだみたいな意識があったんですよ。ラグビー部をやめたら、呪いが解けたというか。嫌だったらやめればいいという発想に切り替わったんです。つまらなかったら途中でやめて、別の本にいけばいいと思ったら、読書も一気に楽しくなりました」

当時、小川さんが読んでいたのは、主に小説だ。結末がどうなるかは気にならなかったのだろうか。

「結末が気になる小説はたいてい面白いから大丈夫です(笑)。気になって最後まで読んだのに、意外と大したことなくて、がっかりすることもありますけど。大学生になってからは、結末の面白さだけじゃなくて、読んでいる時間の楽しさの積分が大事だなって。結末がつまらなくても、過程の面白さの割合が高かったらいいんです」

大学に入学すると、小川さんは実家を出て一人暮らしをはじめた。

「大学に入って最初にハマったのは村上春樹です。デビュー作から順番に、全作品読みました。あと、下北沢に住んでいたので、家の近所にヴィレッジヴァンガードがあったんですよ。セレクトショップみたいな書店で、けっこう変わった本も置いていた。そこでポール・オースターとか、カート・ヴォネガットとかを知って、読むようになりました。アゴタ・クリストフの『悪童日記』を読んだことも、僕の読書人生的には大きかったですね。アイデアの突飛さとか結末の意外性を超えたところに面白さがあって、本の読み方のレンジがだいぶ広がりました」

今まで三十回以上読んでいるというフィッツジェラルドの『グレート・ギャツビー』も大学時代に出会った。

「とにかく文章が好きで。ラストシーンは何度も繰り返し読んでいます。原著を買って英語でも読みました。読みたいときに見つからないと買ってしまうので、手元に何冊かあります」

村上春樹や海外文学を読むときは帯をはずして表紙も隠さなかったが、日本のエンターテインメント小説は書店のカバーをかけたまま読んでいた。

「読みやすい本を読んでいると思われ

（上）何度も読んでいてダブり本もある『グレート・ギャツビー』。（下）カンボジアやポル・ポト関連の本は小川さんの作品『ゲームの王国』の資料。付箋を貼って読み込んでいる。

るのがなんとなく恥ずかしくて。自意識過剰なんです。そのころ読んだエンターテインメント小説は、既読にもかかわらず、帯がついたままです（笑）」

もしものときの保険本で積ん読が増えていく

読む本の幅が広がっていくにしたがって、積ん読も増えていった。

「日常的に本を読むようになると、本がない状態は怖いんですよ。外出先で本が切れたり、読んでいる本がつまらなかったりしたときの保険のために、多めに本を買うようになったんです。保険で買った本を読む前に、新たに読みたい本が出てきて、どんどん積むようになっていきました。たとえば講談社学術文庫の『チベット旅行記』は、一巻を読みはじめたときにめちゃくちゃ面白くて、続きが読みたくなったときにないと困るから、三巻まで買ったんです。ところが、一巻の途中で読むのをやめてしまって。あと二冊はいまだに積ん読しています（笑）」

小川さんは大学二年生まで理系だったが、三年生のときに文転した。

「文学は好きでしたけど、体系的な知識がなかったので、大学生協に置いてある岩波文庫を読破しようと思い立ったんです。岩波文庫の赤帯（海外文学）と緑帯（日本文学）と青帯（思想・哲学他）を順番に買って、一日一冊読むというルールを決めて。ただし、三百ページ以上ある本は二日かけてもいいみ

ＳＦとハードボイルドが好きな父の本棚から譲り受けた本たち。書店のカバーにタイトルが記入されている。

学生時代に読んだ思い出の岩波文庫、水色の背表紙のハヤカワ文庫ＳＦなど、レーベル別に並ぶ。大学に入学して最初にたくさん読んだ作家、村上春樹の文庫も揃えている。

存在と時間
草枕
純粋理性批判
全体性と無限
存在と時間
国語学原論
情念論
サイバネティクス
エチカ
ZOO CITY
フレームシフト
ドゥームズデイ・ブック
ハイブリッド
ファウンデーション
ひとりっ子
順列都市
宇宙の戦士
プロテウス・オペレーション
虎よ、虎よ！
巨獣めざめる
ひとりっ子
幼年期の終り
祈りの海
アンドロイドの夢の羊
パイレーツ
スローターハウス5
スパイダー
コレクションズ
わたしたちが孤児だったころ
遠い山なみの光
ザ・ロード
悪童日記
きりぎりす
惜別
新ハムレット
グッド・バイ
お伽草紙
二十世紀旗手
パンドラの匣
新樹の言葉
晩年
太宰治
火宅の人
女の一生
ダンス・ダンス・ダンス
風の歌を聴け
アンダーグラウンド
羊をめぐる冒険
アフターダーク
国境の南、太陽の西
ノルウェイの森
すべてがFになる
長崎オランダ村
ピストルズ
ABC
斜め屋敷の犯罪
占星術殺人事件
滝山コミューン一九七四
へらへらぼっちゃん
浄土
1973年のピンボール
スプートニクの恋人
カンガルー日和
バンド・オブ・ザ・ナイト
変愛小説集
日曜日たち
ひつじが丘
ルート350
すばらしい新世界
グランド・フィナーレ
七回死んだ男
青が散る
宮本輝
高丘親王航海記
隻眼の少女
麻耶雄嵩
村上春樹
古川日出男
夢は荒れ地を
キャッチメイカー

たいな感じで読みました」

　岩波文庫は千本ノックのような感覚で読んでいたので、つまらなくても我慢して最後まで読んだという。

「一番きつかったのは、ロレンス・スターンの『トリストラム・シャンディ』。主人公が受精前の精子だったときの話を延々と読まされる。作家が書けない言い訳としてメタフィクションに逃げている感じが嫌でした。いくら文学的な価値が高くても、面白くないものは面白くない。小説を書くときにやっちゃいけないことがわかりました。反面教師にしています(笑)」

　卒論のテーマは坂口安吾だった。

「安吾の全集も、読み通すのはきつかったですね。『堕落論』とか好きだから研究対象として選んだんですけど、文庫化されていないマイナーな作品には、失敗作がいっぱいあります」

　一緒に本棚を見ていると、小川さんが「これ、めっちゃいい本なんですよ」と持ってきてくれた洋書があった。

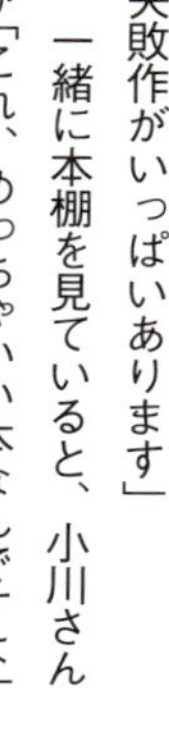

(上)リビングのテレビの上の文庫棚。周りには観葉植物。(下)ポール・オースターなど新潮文庫の海外作品が。

「『偶然性・アイロニー・連帯』で有名なアメリカの哲学者リチャード・ローティの"Philosophy and Social Hope"という本です。二十三、四歳のときに読みました。ローティのエッセイ集であり、論文みたいなところもあります。人類史に対して小説がどんな役割を果たしてきたかとか、人々の想像力を育てるにはどうしたらいいかとか、哲学的に解析しながら語っている。ものすごく真面目に読んだから、付箋がたくさん貼ってありますね」

(左)寝室の本棚。洋書、雑誌、新聞など雑多なものが積まれている。(右) 上に『君のクイズ』のイベントで使った早押しボタンと『村上春樹 presents 山下洋輔トリオ再乱入ライブ』のレコードが。

大学院生のときにハヤカワSFコンテスト大賞を受賞し、作家デビューした小川さん。自分で小説を書くようになって、読み方は変わっただろうか。

「変わりました。書き手の事情がわかって、自分がつまらないと思う小説に優しくなりました(笑)」

『グレート・ギャツビー』の好きな場面も変わったという。

「最近はギャツビーの葬式のシーンが好きです。友人のニックがギャツビーの過去を少しずつ知っていくところ。たとえば大勢の人が会話するパーティの描写など、作家目線で技術的にすごいと気づいたところもあります」

本の適当なページを開いて立ち読みのすすめ

小川さんの小説は、歴史資料を使うことも多い。どこで買うのだろう。

「通販も利用しますが、書店に行くことが多いですね。たとえばカンボジアの現代史とか、なんとなく書きたいテーマがある状態で、どの研究書が参考になるかなんてわからないんですよ。

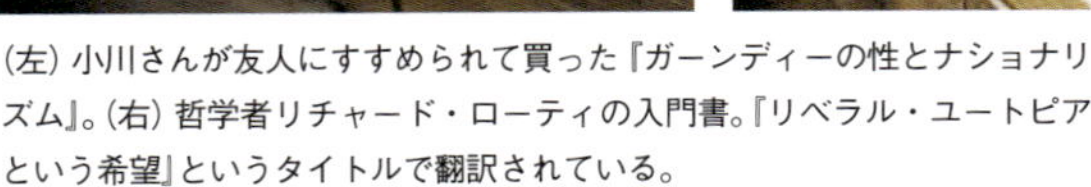

（左）小川さんが友人にすすめられて買った『ガーンディーの性とナショナリズム』。（右）哲学者リチャード・ローティの入門書。『リベラル・ユートピアという希望』というタイトルで翻訳されている。

大型書店の歴史書のコーナーに行けば、目当てのテーマの本がまとまっている。そこでちょっと立ち読みしてみると、必要な本がわかるんです。一度に五冊から十冊くらいは買います」

　仕事以外で読む本は、作家になった今も変わらず面白さ重視だ。

「僕は面白くない本は罪深いと思っているので。面白さというのは、ユーモアやサプライズがあるというだけじゃない。純文学なら文章表現の面白さがあるし、学術書なら知的に興奮する面白さがあるんじゃないでしょうか」

　書店で面白い本を見つけたい人に、おすすめの方法があるという。

「書店で本を買うかどうか決めるときに、最初じゃなくて適当なページを開いて読むんですよ。作家は冒頭に力を入れるから、そこだけ面白くても全体はわからない。作家が油断しがちな途中のページを読んで引き込まれるなら、他の部分も面白い確率が高いです」

　友達にすすめられた本も読む。最近読んで特に面白かったのは『ガーンディーの性とナショナリズム』。

「インド独立運動の指導者だったガンジーは、自分が精子を放出するたびに独立が遠のくという、強烈な思想の持ち主だったという本です。ガンジーはマスターベーションをずっと我慢していたんですよね。すると、どうしても夢精しちゃう。で、実際に独立が遠のくような出来事が起こるわけです。そこでガンジーは〈精液結集〉という秘術を使って、独立するためのパワーをためようとするんですよ。ガンジー自身が残した文章にその事実は書いてあるんだけど、聖人としてのガンジーしか認めない人たちもいて、インド史では触れるのがタブーみたいな話になっている。それを間永次郎さんという研究者が書いているんです」

本は昼間に読むことが多い。

「いつも喫茶店で仕事していて、気分がのらなかったら、直近の原稿には関係ない本を読みますね。読書は仕事のうちだからいいだろうと思って」

欲望を満たすために費やせる時間を超えたら「積む」

人はなぜ積ん読してしまうのか。最後に小川さんの考えを聞いてみた。

「積むことって、本にかぎらなくて。僕はレコードをジャケ買いして聞かないこともあったし、ゲームもパッケージ買いしてプレイしていないものがいくつもあります。ただ買うだけじゃなくて、お金とモノを交換することに意味があるんじゃないかと思うんです」

どういうことだろうか。

「今はNetflixとか、Amazon Primeとか、サブスクリプションでエンターテインメントを消費する時代じゃないですか。サブスクは原理的に積ん読はない。月々定額で何本映画を観ても同じ値段だし、内容は違ってもデータということは同じ。マイリストに追加したものをためても、ただの一覧で実感がない。主体的に一つのモノを買う文化は、今後はなくなっていくかもしれません。だけど、他ならぬ自分が選んだ好きなものを所有したいという欲望は、完全にはなくならない。人間が人間だからこそ起こしてしまう欲望が、費やせる時間を上回ったときに積ん読するんだと思います」

作家としては、積ん読にポジティブなイメージしかないという。

「どんどんしようよ、と思います。僕の本を読んでくれたら嬉しいですけど、買っていただけるだけでもありがたい。一瞬でも自分の意思で読みたいと感じて、お金を払うと決めてくれたわけなので。本を買うこと自体が読者の声の一部だと思います。出版社にも著者にも目に見える貢献です」

おがわ・さとし
1986年生まれ。作家。2022年刊行の『地図と拳』（集英社）で山田風太郎賞、直木三十五賞を受賞。著書に『ゲームの王国』（早川書房）、『君のクイズ』（朝日新聞出版）など。TOKYO FMでラジオのパーソナリティも務める。

05

角田光代

KAKUTA Mitsuyo

ダメな男に尽くしまくる片思い女子の有為転変を描いた『愛がなんだ』から、戦後から現代までの日本オカルト史を背景にした『方舟を燃やす』まで、多彩な題材の小説を書いている角田光代さん。読書量は多いが「積ん読したくない」派という。整然とした角田さんの書斎を探訪する。

天井まである造り付けの本棚に圧倒される書斎。吹き抜けに階段が設けられていて、2階には広い机と椅子があり、仕事もできるようになっている。設計は建築家の西久保毅人。

椅子に座ってお気に入りの漫画を手にとる角田さん。高いところの本はハシゴを使って取る。再読しない本は手放すので棚にはまだ余裕がある。

いつか読破するのが夢で箱に入れて保存している『戦争×文学』全集(集英社)。自宅とは別にある仕事場に置いている。

「私、あまり積ん読したくない派なんです。何か絶望を感じるじゃないですか。一生のうちに読めないんだと思うとつらくなってきます。本はやっぱり読みたいから買うもので、すぐ読まないけど資料としていつか役立つかもみたいな感じで買うことはないです。読む前提だけど、時間がなかったり、タイミングが合わなかったりして、少しのあいだ置いてある本が私にとっての積ん読かな」

不倫相手の赤ん坊を誘拐した女性の逃亡生活を描いた『八日目の蝉』など、読みだしたら止まらない物語で読者の心をわしづかみにしている角田光代さん。近年は直木賞をはじめとした文学賞の選考委員を務めていることもあって、膨大な量の本を読んでいる。

「お昼の食事のとき、電車で移動するとき、お風呂に入っているときに本を読むことが多いです。ダイニングやトイレなど、家のあちらこちらに本を入れた小さなカゴを置いておいて、いつも五冊くらいは並行して読んでいます。小説の資料は自宅とは別に借りている仕事場に置いてあって、家の本棚にあるのはほとんど自分の趣味で読んでいる本です」

積ん読は忘れないようにわかりやすい場所に置いておく

角田さんの自宅は、都内にあるログハウスのような一戸建て。数年前に建てた注文住宅だ。吹き抜けになっている書斎の壁一面に本棚がある。

「積ん読は入口の近くの机の上に並べています。わかりやすい場所に置いておかないと、忘れてしまうので」

積ん読コーナーに置かれていたのは九冊。柳下毅一郎さんが訳した『ジョン・ウォーターズの地獄のアメリカ横断ヒッチハイク』もあった。

「ジョン・ウォーターズは私の大好きな映画監督なんです。しばらく新作を発表していないのでどうしてるのかなと思ったら、ヒッチハイクで旅していたと知って（笑）。『青木繁　妙義・房州篇』は、大好きな画家の評伝です。二〇一一年に『芸術新潮』で青木繁没後百年の記念特集をしたときに、ゆかりの地を取材したことがあって。それ以来、青木繁にまつわる本を見つけると、買うようにしています。いつか小説に書けたらいいなと思いますけど、難しいかもしれない。『大きな嘘とだまされたい人たち』とか『日本災い伝承譚』は、『方舟を燃やす』という小説を書いたときに、資料として買ってまだ読んでいない本ですね」

本はどこで買っているのだろう。

「西荻窪の今野書店とか、荻窪のTitle、あとは紀伊國屋書店の新宿本店でしょうか。自分の楽しみで買う本は、小説が九割ですね。一割がノンフィクション。仕事の資料は昔の本が多いので、古本屋のネット通販で買います」

天井の高さまである造り付けの本棚は、まだ本を置ける余地がある。

「一ヶ月に一回、〈本棚の日〉をつくって整理するようにしています。新しい本が入ってくるとどうしても雑然としてくるし、読みたい本が探せなくて苦労するので。

ジャンル別に並んでないところがあったら並べ替えて、もう読みかえさないだろうと思う本は、古本屋さんにお願いして持っていってもらいます。本が増えても前後二列に並べることはないですね。脳の問題かもしれませんけど、背表紙が見えないとその本の存在を認識できなくなるんです。見えない本は他人の本みたいな（笑）。積ん読にすらならない」

（上）デビューしてまもないころ購入した創樹社版『尾崎翠全集』。（下）大切にしている漫画コーナー。根本敬、山野一など、ガロ系の漫画家の作品も大好きだという。

書斎の入口のこれから読む本を並べたコーナー。画家の青木繁にまつわる本、『方舟を燃やす』の資料にする予定だった本など。忘れないようにわかりやすい場所に置いている。

ずっと読めないままで気になっていた本を積む

二〇二四年から自分で書きたいものを書いて出来上がったら出版社に持ち込む形式に変えたが、以前は月二十八本もの締め切りを抱えていたこともある。超多忙であるにもかかわらず、ほぼ積まない、すっきりと片づいた本棚をキープしている角田さん。少ないながら、積ん読にまつわる思い出もあるという。

「デビュー当時、小説だけでは食べていけなくてお金がなかったんですけど、出版取次会社のかたと知り合う機会があって。本を一割引で買えるところに連れていってもらったんです。せっかくだから、高くて手が出なかった『尾崎翠全集』を買いました。すぐ読めないかもしれないけど、このチャンスを逃したら買えないだろうと思って」

尾崎翠は大正から昭和初期にかけて活動していた作家。創樹社版の全集は、野中ユリ装幀の美しい本だ。

「尾崎翠に出会ったのは、大学生のときです。大学のそばの図書館に行ったとき、たまたま目について。聞いたことのない名前の作家だったけど、なにか呼ばれたような気がしたんですね。借りて帰ったら、見事にハマりました。尾崎翠の小説は、読んでいると、ここではない場所にトリップしているような感覚があるんです」

澁澤龍彦の『フローラ逍遥』もその割引を利用して買った本だという。

「澁澤龍彦も大学時代によく読んだ作家です。『フローラ逍遥』は薔薇や紫陽花などの花を題材にした随筆に、植物画のコレクションを組み合わせています。ずっとほしかったんですよね」

書斎の入口の積ん読コーナーの他に、積ん読はないのだろうか。

月に1回「本棚の日」を設けて整理しているという本棚。ジャンル別に本が並んでいて見やすい。奥に貼られているのは韓国ドラマ版『紙の月』（原作は角田さん）のポスター。

家の庭には木がたくさん植えられていて、美しい緑を見ながらテラスでくつろぐこともできる。

「仕事で新刊を読まなきゃいけないことが多いから、最近はいつか読んでみたいと思いつつ、ずっと読めないままでいる昔の本を積んでいますね。今は特に短編小説について勉強中なので、昔の作家の短編集を読みなおしているところです。短編の名手と言われていて『短編小説礼讃』というブックガイドも書いている阿部昭の作品とか、吉行淳之介の『目玉』という短編集とか」

積ん読したくない派の角田さんが考える、人が積ん読する理由とは？

「どうしてなんでしょう。新刊書店の回転がすごく早いことも、原因の一つとして考えられるんじゃないかなと思います。本屋さんに行って気になった本をあとで買おうとすると、もう二度と出会えないみたいなことがあるんですよね。毎日たくさんの新刊が出るから、本屋さんもキャパオーバーになって、そんなに日にちが経たないうちに平積みから棚に移したり、返品したりもしてしまうのかもしれせん。出版社も在庫を持てないので、売れゆきがよくない本は重版未定になる。本が出版されて、市場から消えるまでのサイクルがどんどん短くなっているんじゃないかなと。いつ読めるかわからなくても、読みたい本を見失うくらいなら買ったほうがいいと思って、積ん読するんじゃないでしょうか。ちょっとネガティブな理由ですみません」

何度も読みかえしている お気に入りの本たち

角田さんの本棚にあるのは、多少入れ替わりはあるものの、時間の流れに淘汰されなかった精鋭揃いだ。

「『ギリシア神話』は子供のころから持っています。偕成社の〈少年少女　世界の名作〉というシリーズの一冊です。『ちいさいモモちゃん』も小学生のときから好きな本ですね。リアルな現実とファンタジーが入り混じっているのが面白くてのめり込んだのを覚えています。モモちゃんのシリーズを読んで、私は作家になろうと決めたんです」

　デビュー当時、どんな作家になりたいかという質問を受けるたびに「忌野清志郎のようになりたい」と答えていたという角田さん。『ギリシア神話』と同じ棚に、『エリーゼのために　忌野清志郎詩集』も入っていた。

「一番下の段の棚に入っている本は夫のものです。夫の本もごっちゃになって、ジャンル分けだけしています」

『ガラスの仮面』『あしたのジョー』などの名作から『ブルーピリオド』のような最近のヒット作まで、漫画もかなりの冊数が並んでいる。

「『あしたのジョー』は一九九六年に『まどろむ夜のＵＦＯ』で野間文芸新人賞をいただいたときに、編集者に〈三万円くらいでお祝いをあげるけど何がいいですか？〉って聞かれたんです。それで私は〈『あしたのジョー』を全巻ください〉と答えました。昔好きだったんですけど、どんな話だったか細かい部分の記憶が曖昧だったので、もう一回読みなおしたいと思ったんですね」

角田さんのフォトエッセイ『今日も一日きみを見てた』でおなじみ、物静かな愛猫トトさん。

　山野一の『四丁目の夕日』もある。昭和三十年代の東京下町の人間模様をノスタルジックに描いた『三丁目の夕日』のパロディであり、主人公が次々と不幸に見舞われ地獄に落ちる鬱漫画の傑作として知る人ぞ知る作品だ。

「山野一、大好きなんですよ。『混沌大陸パンゲア』や『どぶさらい劇場』も同じ棚に入っています。あとは日野日出志とかひさうちみちおとか、ガロ系の漫画を集めた棚になっている。根本敬も大好きです。一時期いろんな人に『因果鉄道の旅』をあげていたくらい（笑）」

　漫画は他にも岡崎京子コーナーや、大島弓子コーナーがある。

「私は子供のころに全然漫画を読んでなくて。特に少女漫画は苦手だったんですよ。だから大島弓子を知るのも遅くて、大学時代に初めて読んだんです。

旅好きの角田さん。文庫本を並べたコーナーの近くには、2004年にキューバを訪れたときの写真が飾られていた。

『グーグーだって猫である』は猫と暮らすようになって読みかえしたら、人間と猫がわかり合う瞬間が描かれていることを実感できて、はっとしましたね。岡崎京子の漫画も大学生のときに初めて読みましたが、性別とか関係なく、自分が読みたかったものだと思いました。絵や言葉がかっこよくてポップなだけではなくて、世界の本質的な、何か怖いものが含まれているところが好きです」

書斎の階段を上る途中には尾崎翠と同様に昔から愛読している内田百閒のコーナーや文芸誌のコーナーも。

「内田百閒は『冥途』や『サラサーテの盤』など、すっと異界に入っていくような小説が好きです。文芸誌のバックナンバーは、自分の小説が掲載されているので保存しています」

今はもうない「海燕」もあった。ベネッセコーポレーションが福武書店という社名だったときに出していた文芸誌だ。角田さんは一九九〇年、『幸福な遊戯』で「海燕」新人文学賞を受賞してデビューした。まもなく、業界人による洗礼を受けたという。

「『海燕』の編集者とか、先輩作家とか、今思えば小説の好き嫌いがはっきりしている人たちだったと思います。〈大江健三郎は読んだか?〉ならまだわかるけど、八木義徳とか上林暁を知らないことでもの識らず扱いされたんですよ(笑)」

八木義徳も上林暁も昭和期に活躍した私小説作家だ。上林暁は近年再評価が進んでいるが、八木義徳の著作は書店からすっかり姿を消している。

「読めと言われたから八木義徳も読みましたが、でもそんなことをしていたら、今度は自分の読みたいものが読めない。この人たちの後を追うのはやめようと思いました。追ってもしかたがないなって。これを読まなきゃダメっていう誰かの言葉におされて積ん読することはいまだにないです」

仕事をリタイアしたあとのお楽しみの積ん読

書斎の奥の壁には、韓国ドラマ版『紙

の月』のポスターが貼られていた。原作は角田さんの小説だ。実は角田さんは韓国ドラマも好きで、筑摩書房のPR誌「ちくま」で「韓国ドラマ沼にハマってみたら」を連載している。最近読んで面白かった本は、『韓国映画から見る、激動の韓国近現代史』だそうだ。

「韓国の近現代史や韓国ならではの社会問題をテーマにした映画を読み解いた本です。著者の崔盛旭さんは韓国生まれの映画研究者で、今は日本の大学で講師をされています。電車で読んでいたら、もう、泣けて泣けて。ほぼ号泣みたいな。韓国映画が好きな人にはぜひおすすめしたいです」

最近面白かった本ということで紹介してくれた、崔盛旭の『韓国映画から見る、激動の韓国近現代史』。

かくた・みつよ
1967年生まれ。作家。2005年『対岸の彼女』（文藝春秋）で直木賞を受賞。『タラント』（中央公論新社）、『方舟を燃やす』（新潮社）など著書多数。河出書房新社の古典新訳コレクションで『源氏物語』の現代語訳も手がける。

昔は本を読むのが速いほうだったが、年齢を重ねるにつれて体力が落ちて、読書のスピードは遅くなった。しかし、とっておきの積ん読があるという。

「『戦争×文学（せんそうとぶんがく）』という全集を全巻持っているんです」

『戦争×文学』は、日清日露戦争から現代まで、百年以上にわたる戦争の流れを、国内外の文学によって浮き彫りにする画期的な全集だ。全二十巻＋別巻一巻で、編集委員は浅田次郎、奥泉光、川村湊、高橋敏夫、成田龍一。

「唯一、箱の中にしまってある積ん読です。自宅じゃなくて仕事場に置いてあります。〈近代編〉〈現代編〉〈テーマ編〉〈地域編〉というふうに分かれているんですけど、〈地域編〉のなかに朝鮮や台湾、満州のことを書いた作品を集めた巻があって、すごく読んでみたいと思って。今は仕事があるので難しいですけど、リタイアしたあとに全巻読破するのが夢です」

06

しまおまほ

SHIMAO Maho

積ん読する人は読書家というイメージだが、しまおまほさんは読書が苦手だからこそ本を積んでしまうのだそうだ。実家と今の自宅を案内していただきながら、作家と写真家で構成されている島尾家の物語を聞いた。

頻繁に帰っているという、しまおまほさんの実家。積ん読本も含めて、しまおさんの私物がたくさん置いてあるので、自宅と一緒に見せていただいた。両親と猫が暮らす。

実家のしまおさんの部屋。1.「ケミちゃん」は猫の名前。2.最古の積ん読。3.「Dr.スランプアラレちゃん」のカセットテープ。4.鴨居上の本棚。5.両親の蔵書。6.「オリーブ」のバックナンバー。7.ビデオテープコレクション。

「小さいころから、読書がほんとうに難しくて。読書感想文も苦手でした。文字を目で追えない。文章を一行読んだら、二行目にはまったく違うことを考えているんです。ときどき〈これを読めば勉強になるんじゃないか〉と期待して本を買ってみるけど、だいたいは積ん読になっています。祖父の書いた『死の棘』も積ん読です」

　エッセイストのしまおまほさんは、本と縁が深い家に生まれた。祖父・島尾敏雄と祖母・島尾ミホは作家。父・島尾伸三と母・潮田登久子は写真家。『死の棘』は島尾敏雄の私小説だ。

「両親と一緒に豪徳寺の旧尾崎邸と呼ばれる洋館の二階に住んでいました。当時はアパートで、十五畳ほどの部屋と共有スペースの廊下にガラス戸の本棚がありました。最初に自分で買った本は、『Dr.スランプ アラレちゃん』のアニメ絵本だったかな。四歳くらいだったと思います。主題歌と挿入歌が入った黄色いカセットテープがついてちょうど五百円。発行されたばかりの五百円硬貨を握りしめて買いに行ったのを覚えています。アニメの音声も入っているけど、映像がないからどんな場面なのかわからない。これはウンチが登場した時の効果音だなとか、想像しながら聴いていました」

母方の祖父のくれた名作が初めての積ん読

　子供のころのしまおさんに本を買ってくれたのは母方の祖父だ。

「母方の祖父は生命保険会社に勤めていたんだけど、今でも東京で活動している〈人形劇団プーク〉の立ち上げメンバーでもあって。若いころは新聞記者になりたかったそうで、仲間と同人誌も作っていたんです。文化的なことに興味がある人だったんでしょうね。『てぶくろ』とか『おおきなかぶ』とか『しろいうさぎとくろいうさぎ』とか、いろんな絵本を買ってくれました。奥付や裏表紙に両親が私の名前ともらった日付を書いてくれて。お気に入りの絵本は繰り返し読んでいました。父もアーノルド・ローベルやセンダックの絵本を買ってくれたし、本に関しては家族では男性陣が担当していたように思います。決め事ではなかったけれど。『しずくのぼうけん』は父方の祖父からの贈り物ですしね」

　母方の祖父はしまおさんが大きくなるにしたがって、名作児童文学を買ってくれるようになった。

「『モモ』とか『星の王子さま』とか『注文の多い料理店』とか、『蜘蛛の糸』とか。散歩のついでに近所の行きつけの書店で買ってきてくれるんだけど、もれなく積んでました」

しまおさんは漫画に夢中だった。

「幼稚園児のころに黒鉄ヒロシの『赤兵衛』が大好きだったんです。父が電車の網棚にのっている『ビッグコミック』をよく拾ってきて。『赤兵衛』は、巻末に載っている連載ギャグ漫画でした。毎回切り取って、ホチキスでとめて、大事に読むくらいだったのに、あるとき幼馴染みの子に捨てられて大泣きしました。あとは講談社に勤めている父の友達が、『週刊少年マガジン』を毎週持ってきてくれた。それで『翔んだカップル』とか読んで」

もう一人の祖父である島尾敏雄の家にも遊びに行っていたという。

「父方の祖父の家の本は、たしか全て書庫にまとめられていましたね。沖縄の本とか、文学全集があったと思います。うまく言えないけど、カビのような独特の匂いがしました。父は子どものころ、祖父の書庫を整理する役割を

実家のリビングは本だらけ。世界の民芸品も飾られている。島尾伸三さんと潮田登久子さんがご在宅だった。

与えられていたそうです」

祖父が書いた『死の棘』父は読まなくていいといった

しまおさんが小学生になる前に、一家は母方の実家に引っ越した。現在も両親が住んでいるこの家に大半の積ん読があるので案内していただいた。

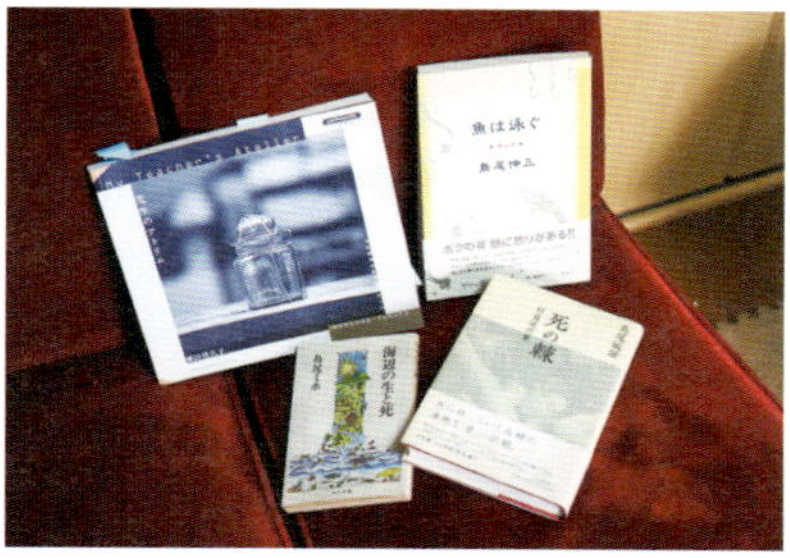

島尾敏雄（祖父）と島尾ミホ（祖母）の小説、島尾伸三（父）の放談、潮田登久子（母）の写真集。しまおさんの家族の本が集合。

「『死の棘』がどこかにあるはずなんですけど……。『「死の棘」短篇連作集』はあるのに見つからないですね。『夢屑』はある。この短編集には、私のことを書いた『マホを辿って』という小説が入っています」

「マホを辿って」は、島尾敏雄らしき主人公が、二歳の孫マホと初めて二人だけで電車に乗る話だ。

「祖父の受賞パーティに家族で出かけたり、講演会を聞きに行ったりしていたので、そんな感じの仕事をしている人なんだなとは思っていました。作家ということはあまり意識していませんでしたね。

私が小学生か中学生のとき『死の棘』が映画になったけど、学校の友達は誰も知らなかった。先生にも何も言われなかったし、思ったほど有名人ではないんだなって（笑）」

『死の棘』を自分で読もうとしたことはあったのだろうか。

「ずっと家にあって気になってはいたんですけど、そもそも読書もできないし、父も読まなくていいと言っていて。悩むくらいだったら読まなくてもいいかなと思っていました。映画も父が観ないというので、母もわたしも観ないままです」

『死の棘』は夫の〈情事〉をきっかけに妻が精神の均衡を崩す。親族だからこそ、読みづらいのかもしれない。

「そこはあまり意識したことはありませんでした。だけど、いとうせいこうさんと奥泉光さんが名作について語り合う『文芸漫談』というイベントで『死の棘』を取り上げられたことがあって。観に行ったら、めちゃくちゃ面白そうだったんですよ。悲惨すぎる故、どこか笑えてしまうような。

それで、ちょうどそのころに出版された梯久美子さんの『狂うひと』という、祖母の島尾ミホを取材した評伝を読みました。そうしたら複雑な気持ちになって。自分の家のいざこざ云々が晒されているからというよりは、そこに巻き込まれた人がいるという事を目の当たりにして。『死の棘』にも描かれている登場人物のその後について、梯さんが取材されていたんです。それを読んだら、何とも言えない気持ちになりました」

　父は普段ひょうきんだったが、祖母の前では黙り込んでいたという。

「きっと私の何十倍も、父は複雑な気持ちがあったと思います」

積ん読本の背表紙がこっちを見ている

　しまおさんが子供のころに買った本も実家に現存していた。

「三十数年同じ部屋に住んでいたから、積ん読の背表紙だけはしっかり覚えているんですよ。こっちを見てるっていうか（笑）。母方の祖父がくれた『ヘルマン・ヘッセ選集』もいまだに睨みをきかせていますね。取り出さないからずっと同じ位置にいるんですよね。祖父は何かを期待して買ってくれていたと思うので、罪悪感は続いています」

　鴨居の上の本棚には漫画も並んでいる。ギャグ漫画は好きだが、少女漫画は全然しっくりこなかったという。

「子供のころ通っていたピアノ教室に、『りぼん』とか『なかよし』が置いてあったんですよ。自分のレッスンの順番が来るまでみんなそれを読んでるんだけど、私は意味がわかんなくて。続きものが苦手だし、恋愛にも感情移入できなかったから『ちびまる子ちゃん』だけ読んでました」

　そんなしまおさんが、今も読み返す少女漫画が、吉田まゆみの『アイドル

しまおさんが息子さんと2人で暮らすマンション。リビングにある本棚には旗がささっていたり、怪獣のソフビ人形が飾られていたり、ゲーム機が収納されていたりする。親子の持ちものの境界がなくてにぎやかだ。

しまおさんが子供のころから持っている絵本。買った日付やしまおさんの名前、当時の年齢が書かれている。

を探せ』。八十年代中盤、木造アパートで一人暮らしを始めた女子短大生チカの生活と恋愛を描いた作品だ。

「チカを取り巻く群像劇で、登場人物がみんな物語を持っている。それぞれの人生が同時進行して、しかも八十年代という時代がリアルに描かれている。チカがショートカットというところもよかった。

　それまでは主人公の女の子は髪が長くてかわいくてモテるみたいな漫画が多かったので新鮮でした。登場人物の何気ない会話も、人間関係もすごくリアルなんですよ。主人公が好きな男の子と結ばれることがゴールじゃなくて、くっついたり離れたり、浮気心が芽生えたりする。恋愛だけではなく、自分のやりたい事は何か悩んだり。一巻が二冊あるのは、母も買ってきたからです（笑）。読んでみたらって言われて」

　しまおさんが後に連載することになるファッション誌「Olive」のバックナンバーも実家にあった。

「『Olive』の連載だと、酒井順子さんとか中島らもさん、佐野洋子さんは憧れでしたね。でも、本は持ってなかった。とにかく、今も昔も本が読めないことがすごくコンプレックスです」

　文章を書くほうはどうだったのか。

「自分が文章を書くようになるとは思っていなかったですね。小学校の作文とか、見本とか見ちゃうとそれに囚われてしまって。大人の期待に応えようとして、全然自由に書けなかった。小学三、四年のころに買い食いしたときの話を書いたことがあったんですが、初めて作文を母に褒められて。そのときはすごく嬉しかったですね。中学生くらいになると、授業に関係ない文集や寄せ書きでウケ狙いをするようにな

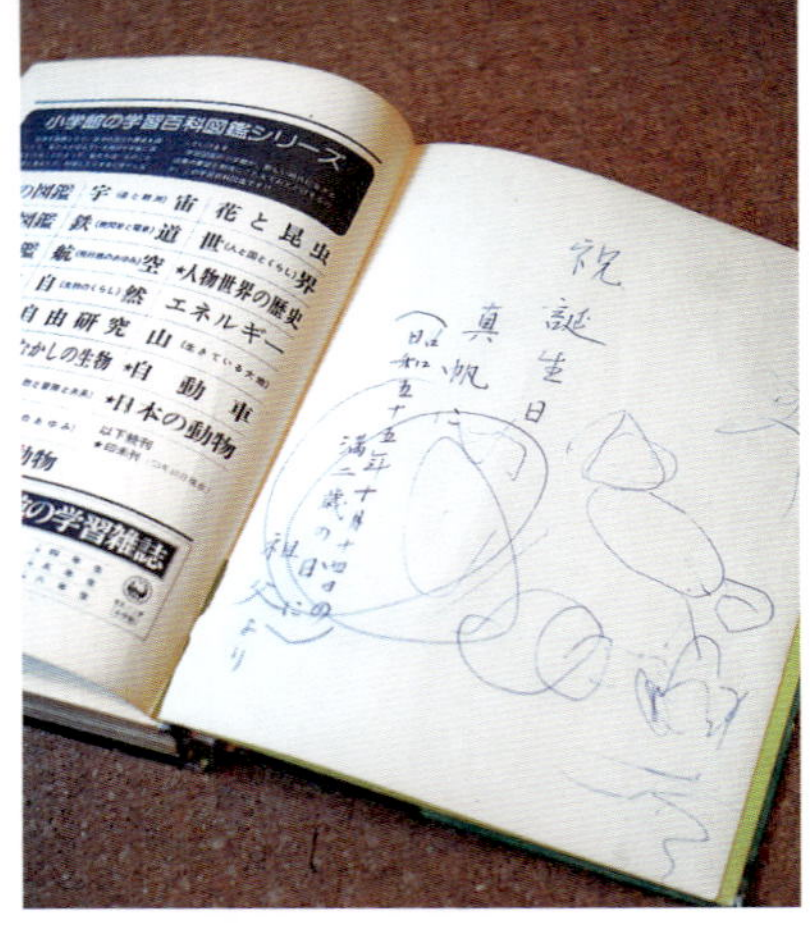

祖父・島尾敏雄から2歳の誕生日に贈られた図鑑。しまおさんの落書き付き。

りました。あとは、クラスメイトを登場人物にした短編小説みたいなものを授業中に友達に回したりしていましたね」

執筆活動をはじめてからも、読書に対する苦手意識は変わらなかった。

「ただ、ノンフィクションや犯罪実録ものはスラスラ読めるんです……。『狂うひと』はわたしにとっての〈リアル〉がたくさん詰まっていたから読むことが難しくなかったんでしょう。子供のころからリアルにはもの凄くシビアでしたね。ドラマもいかにもセット感があるとテレビを消しちゃう。ほんの少しでも嘘じゃんと思うと拒絶していました。あまりに読書が苦手だから、これは自分の特性なのかと思っていたけれど、考えてみれば『Olive』とか端から端まで何度も読み込んでいましたし……。苦手意識が本との良い出会いを阻んでいたのかもしれないです」

こうあるべきと思って買うと読まずに積んでしまう

現在は実家の近くのマンションで子供と二人で暮らしている。本棚は既読本も未読本も「まぜまぜ」。

「一冊読みきった本はレアだから覚えてます。植本一子さんの『台風一過』は一気に読みました。本宮ひろ志の『まだ、生きてる…』は〈ご自由にどうぞ〉みたいなコーナーでタダでもらってきた本。リストラされたサラリーマンが山奥に行ってサバイバルして、なぜか女の人の出産に立ち会って赤ん坊を取り上げる話です。『天皇陛下の会話集』は二十代の時に変わった女の子だと思われたくて古本屋で買いました」

滝川クリステルの『恋する理由　私の好きなパリジェンヌの生き方』とい

滝川クリステルの『恋する理由』は、『みちくさ日記』の道草晴子さんにすすめられた。

う本は読んだのだろうか。

「積ん読です（笑）。ブレイディみかこさんの『ぼくはイエローでホワイトで、ちょっとブルー』も積ん読です。海外の暮らしに興味があるので、読まないと、と思いつつ。

話題になっているものに弱いんです。自分から読みたいというよりSNSなどを見て、この本は読むべき、知っておくべき、本棚に並べておくべき、という圧を勝手に感じて買って、そのまま積んでしまうのが現状です」

『7歳から「辞書」を引いて頭をきたえる』という本も目につく。

「母から貰いました。子育てに役立てばと。そういえば、わたし自身子供のころから辞書は好きですね。引くのも得意です。漢和、英和、和英、学生時代の辞書は全部実家から持ってきました。言葉の意味を知りたいというよりは、開くこと自体が楽しい。分厚ければ分厚いほどいい。何度も引いているうちに、手の脂がついて、ページがよれてきて、少しふっくらするところがたまらない。モノとして楽しめるものが好きみたいです」

最近は又吉直樹の「生きとるわ」にハマっているという。

「又吉さんが『文學界』で連載している小説です。私は子供のころから笑うことに貪欲で、ユーモアのあるものが好きなんですよね。なんでじぶんは女の子なのにいつもふざけているのか、悩んだ時期もありました。『生きとるわ』はユーモアと業のバランスが絶妙で。『火花』も急いで読みました」

子供に本を読み聞かせることで、架空の物語の魅力にも気づいた。

「フィクションの先に、著者のリアルが浮かび上がるとわかったんです。読むことにだんだん慣れてきたのかもしれない。今さらですよね（笑）」

しまお・まほ
1978年生まれ。エッセイスト、作家。著書に『マイ・リトル・世田谷』（トゥーヴァージンズ）、『スーベニア』（文藝春秋）、『家族って』（河出書房新社）。音楽ナタリーにて「しまおまほの おしえて！みゅーじしゃんのこどもNOW」連載中。

積ん読の悩み相談Q＆A

整理収納アドバイザーの米田まりなさんによれば、片付けのなかでも最も難易度が高いと言われているのが本棚の整理なのだそうだ。その理由は、「使う・使わない」という概念がなく、他のアイテムと比べて劣化も起きにくいから。劣化するほど繰り返し読む本は、むしろ捨てられない。

わたしの場合、書評家という職業柄、毎日のように新しい本が増える。どの本も可能であれば読むつもりなのだが、目の前の仕事に追われて時間が足らず、いつのまにか積み上がっていく。スペースがなくなってしかたなく整理するが、また新しい本が入ってくる、ということとの繰り返しだ。もう、どこから手をつけたらいいのかわからない。「本は一冊も捨てなくてOK！」という米田さんに悩みを相談してみた。

Q 本が多すぎて生活空間を圧迫しているのですが、何から手をつけていいかわからないんです。

A まず、家の中にある本を分類しましょう。棚に入っている本もいったん全部出したほうがいいです。そして「まだ読み終わってない本」と「読み終わった本」に分けましょう。ごっちゃにしていると、そこから手にとって読むことが億劫になるからです。一ヶ所に置いて、何年も動かない状態が一番よくありません。

Q 一応、未読本は分けようと頑張っているのですが、スペースが足りなくていつのまにか既読本と混ざってしまいます。置き場所が定まらないのが悩みです。

A これから読む本の置き場所を考え

るときに大事なのが、その本をいつどこで触るか。読むシーンを考えるということです。たとえば、家の内と外で読む本は違うでしょう。家の中でも書斎の机とキッチンとお風呂で読む本は違うと思います。全部一ヶ所に置かないで、できるかぎり読む場所の近くに置いてほしいんですね。

積み上がった本の分類法

1. まだ読み終わっていない本

- (a) これから読もうとしている本
- (b) 読みかけている本
- (c) 買ったものの、今は読む気がない本
- (d) 人から借りている本

2. 読み終わった本

- (a) 参考書として、頻繁に手にとりたい本
- (b) 内容が気に入っていて、もう一度、いつか読みたい本
- (c) 文献として存在が貴重なので保管しておきたい本
- (d) 人に貸したい本
- (e) コレクションとして収集している本(雑誌や漫画)
- (f) インテリアとして飾りたい本

Q 読む場所の近くに置くにはどうしたらいいですか?

A マグネット付きのファイルボックスとか、本が数冊入るくらいの小さい収納グッズを使うといいと思います。たとえば玄関のドアにそのファイルボックスをくっつけておいて、今週通勤電車で読むと決めた本を入れておく。そうすると、出かけるときに目に入るので忘れずに持っていけますし、読書も進む。読み終わった本は、整理の次の段階に行けるんです。

Q 未読本にもいろいろあるのですが、どのように考えればいいでしょう?

A 上の表のように分類してみてください。(C)の今は読まない本のなかでも、「英語くらいできなきゃ」とか「統計学を勉強しなきゃ」とか、コンプレッ

クスがもとで買った本は、長く読まないまま本棚のいい場所を占領しがちです。たとえば二週間以内に手にとらないなら見えないところに片づけるとか、一年間に一回もページを開かなかったら処分するとか、期限を決めて扱い方を考えてみましょう。

Q 読み終わった本はどうしたらいいでしょうか。

A その後も読みたい本は、手にとりたい頻度によって(a)から(f)に分けます。(b)から(f)のなかで、今年中に手にとる可能性がないものは、必ずしも家に置いておく必要はないでしょう。自宅の収納スペースが足りなければ、外部トランクルームに預けたり、図書館に寄贈する。あるいはスキャンしてデータ化することも検討してみてください。

Q クローゼットに詰め込んだ『川端康成全集』をはじめとして、作家の全集が十種類以上あります。多いものは四十巻以上あるんですが、全部読んでいるわけではありません。でも、資料なので既読の巻と未読の巻を分けて保管することも難しい。頻繁に手にとるわけではないけれど、外部トランクルームには預けたくありません。

A 参照はするけれど頻度は高くないということであれば、棚に並べるのではなく、中身がわかる箱に入れるのも一つの方法です。

Q どんな箱がいいですか?

A たとえばバンカーズボックスとか、透明の折りたたみコンテナ、ふた付きの透明コンテナがおすすめです。本のサイズに合っていて、軽くて積み上げ

本書に登場していただいた柳下毅一郎さん（下）と管啓次郎さん（左）もフェローズのバンカーズボックスを愛用していた。ネット通販などで購入できる。

やすくて、中に何が入っているのかわかりやすい箱ならなんでもいいと思います。

Q 最初の話に戻りますが、やっぱり本棚から全部出して分けたほうがいいんでしょうか。なにしろ量が多いので、その出す作業がたいへんで……。

A たいへんだと思いますが、すべて出したほうがいいです。出しながら分けて山にしていく。その山を見ると、自分なりの軸が見えてくるんです。石井さんの場合は、まず仕事部屋のデスクの周りの本棚から参照の頻度が低い全集を出して、スペースをつくったほうがいいと思います。空いたところに、これから原稿を書くために読まないといけない本や、参照度の高い資料だけを置く。そこからはじめたらいかがでしょうか。

はい。頑張ってみます。ありがとうございました！

米田まりな（こめだ・まりな）
整理収納アドバイザー1級。東京大学を卒業後、平日は会社員として働きながら、副業でモノを愛してやまない人に向けた「捨てなくても片づく」仕組みを考案し、片付けの普及活動をしている。著書に『モノが多い 部屋が狭い 時間がない でも、捨てられない人の捨てない片づけ』（ディスカヴァー・トゥエンティワン）など。

07
山本貴光
YAMAMOTO Takamitsu

一日一冊読んだとしても、年に読めるのは三百六十五冊。現代日本に百年かかっても読みきれない数の本と暮らしている人がいた。文筆家でゲーム作家でもある山本貴光さんだ。本で作る「知の地図」の話に心躍る。

山本さんが司書長を務める「森の図書館」。由来は、建物の裏手に森があるからだという。蔵書は約5万冊。館長は山本さんのパートナーで美術ライターの橋本麻里さんだ。

ゲーム作家の視点で文学を考察した本を書き、哲学にも詳しく、大学ではリベラルアーツを教えている山本貴光さん。「森の図書館」と呼ぶ自宅で、大量の本に囲まれて暮らしている。

「自分のお金で本を買うようになった中学生のころから積ん読していています」

と言う。中学生のとき買っていたのは海外のファンタジーやSF、ミステリー、科学の本、パソコン雑誌など。

「ある著者が気になると、その人が書いた本のリストを作り、手に入るものを片っ端から買っていく。すぐ網羅したくなっちゃうんです。当時のパソコンはデータベース構築に使えるようなものではなかったので、出版社から目録を取り寄せて、手書きでリストを作っていました。最初に揃えたのはコナン・ドイルのシャーロック・ホームズシリーズの文庫だったと思います」

大人になった今は、「本日買った本たち」「本日届いた本たち」をSNSに写真付きでアップしている。

「網羅好きは相変わらずですね。前に国書刊行会の編集者である礒崎純一さんと全集をテーマに対談する機会があって、今まで全集のたぐいをどのくらい買ったかリストを作ってみたら、二百シリーズありました（笑）」

本は知識のインデックス　積まなくてどうする

年に二千冊から二千五百冊ほど本を購入しているという山本さん。通読した本はどのくらいあるのだろう。

「ちゃんと数えたことはありませんが、二割くらいじゃないでしょうか。あとはざっと目を通して内容をつかむけど、通読したとは言えない状態です。本は自分の関心事が物の形をとった、知識のインデックスみたいなものなので、必要になったときに読めばいい」

本そのものが「知識のインデックス」とはどういうことだろうか。

「たとえばヴァレリー・ラルボーの『聖ヒエロニュムスの加護のもとに』という本が棚にあるとします。フランスの作家の翻訳論です。通読していなくても日々目に入っていて、翻訳の話ということは意識している。

2階に上がる階段にも本がぎっしり。右手の棚に並ぶ白い本は全冊揃える予定のちくま学芸文庫。

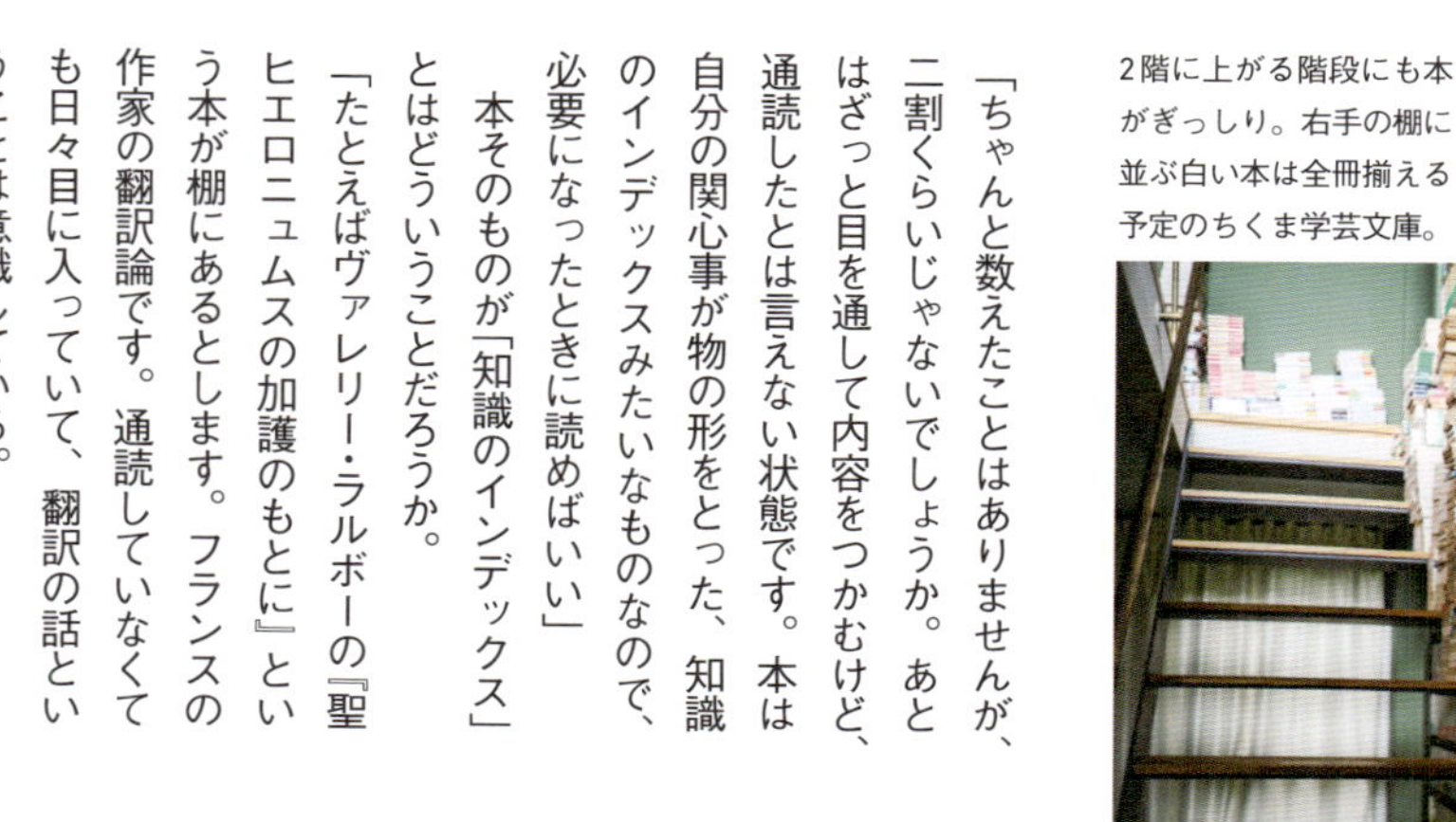

2階の書庫。ここでも本が読めるように机と椅子がある。色別に並べられている岩波文庫の棚が壮観！
1990年代半ばころから新刊が出ると必ず購入し、目録をもとに既刊も集めている。いずれは全部読む予定だ。

置けるところにはすべて棚を置いているので、隠しアイテムのように電灯のスイッチが。

そうすると、翻訳について考えたいなと思ったときにすぐ手にとれるわけです。本は形のあるインデックスというところがいい。だから私は積ん読がいくら増えても気にしません。むしろ積まなくてどうするという感じです（笑）」

どの本も大切なインデックスだから、滅多に手放すことはない。

「置き場所の問題でデジタル化しようと思ったことはあります。一万冊くらい裁断してスキャンしました。デジタル化した本は、パソコンやタブレットの電源を入れて、ログインして、PDFのアプリを開いて、一万のファイル

閲覧室兼リビング。中央の書架と大きな机は、九州大学にあったもの。キャンパス移転時に廃棄されそうだったところを救い出された。大正時代に作られた丈夫で美しい家具だ。

机の上に積まれた本。すべて背表紙が見えるようになっている。

のなかから選択してようやく読める。紙よりもかなり手間が多いんですね。端末を閉じているときはまるきりないのと同じなので、何の本が入っているのか思い出せなくなってしまって」

紙の本が並ぶ空間には、デジタルの本棚と違う大きな利点があるという。

「原稿のことを考えながら本屋さんや図書館を歩き回っていると、まさに求めていた本が、向こうから目に飛び込んでくることがある。物理空間ってすごいんですよね。自分の生活空間に本棚があれば、ほぼ毎日目にするから、どこに何があるか頭に入っている。努力しなくても記憶できるわけです」

紙の本で何より大事なのは背表紙があること

ものを覚えるための手がかりが、紙の本にはたくさんあるらしい。

「人間の認知能力ってけっこう性能がよくて、一度見たものはそんなに忘れません。思い出すための手がかりがあればいいわけです。デジタルの本棚は今のところ、みんな同じサイズの表紙画像がアイコンになって並ぶので、手がかりが乏しくて記憶もよみがえりにくい。紙の本はそれぞれデザインも大きさも重さも手触りも違います。何より背表紙があることは大事です」

背表紙がなぜ重要なのか。

「たとえば、私の本棚に日本語にまつわる本を集めた一角があります。そこにある本の背表紙を時代順に並べるだけで、ちょっとした年表ができる。日本語について論じている人の名前もひと目でわかる。背表紙は並べてもそんなに面積をとらない。非常に効率よく知識を編集できるんですよね」

だから本棚に入らないものもすべて背表紙が見えるように積んでいる。

「崩れやすくはなりますけどね。将来の自分を助けるために、なるべく目的の本を探しやすい積み方を心がけています。空間を使って、知識や創作物のマップを作っている感じです」

積まれた新書がジェンガのようだ。一冊抜いたら崩れそう。

山本さんの場合、精読したい本は余白に書き込みながら読む。そのこともデジタルより紙の本を選ぶ理由だ。

「文芸誌の企画で同じ本の紙版とデジタル版を比較しながら読んだことがあります。デジタル版も線は引けますし、メモも書き込めますが、メモを書くときも書いたメモを読むときも、いちいちタップして別の画面を開かなければいけない。メモと本文を同時に読むこともできません。面倒くさいんですよ。紙の本なら余白にペンで書き込めばメモと一緒に本文も読めます」

本を育てて過去現在未来の自分と協力プレイ

余白の書き込みのことを「マルジナリア」という。山本さんにとって、本はマルジナリアを用いて育てるものだ。どんなプロセスで育てるのだろう。

「本を買ったらまず奥付を確認して、著者名とタイトルと刊行年月日、購入場所などデータベースに登録します。次に目次と索引とまえがきとあとがきを読む。あとのページは一通りパラパラめくって、気になったところには線を引いたり、メモを書き込んだりする。そして該当するジャンルの棚に並べます。さらに精読したい本は、考えたことや調べたことを細かく書き込みながら何度も読んで、索引も作ります」

余白に書き込むだけではなく、別途メモを挟み込むこともある。

「特に深く読み込んだ本は、時間が経ってもう一度その本に立ち返る必要が出てきたときのために、自分なりに内容をまとめておくんです。初読のときにしかできない要約があるので。そのメモがあれば、どんな本か、どこを再読すればいいかわかるし、全部読みなおさなくてもすみます。過去の自分ありがとう、という感じです」

自分とは日々新しい知識を取り入れ、経験を重ねて変化するものだ。

積めるところがあればどこにでも積む。使っていないストーブの上にも本。机の下も本の山だった。

2階の奥にある仕事部屋。本の山に囲まれたけもの道ができている。哲学や歴史の叢書が多く並んでいた。

「過去と現在と未来、三人の自分と協力プレイして、一冊の本を読んでいるんですよね。協力プレイするとき、物理的な紙の本があったらとても助かります。どれだけ自分が変化しても、捨てたり壊したりしないかぎりは、同じ場所にいてくれるからです」

読むたびに新しく何かを発見できる本もある。一冊の本を読み終えることなど可能なのかと疑問に思う。

「どんな本だったか説明してくださいと尋ねられて、一度目を通したくらいだと、言葉につまってしまうことはよくあるわけです。その状態で読み終えたと言えるのか。買って積んであるだけの状態と大差ないと私は思います。本は永久に読み終わらないものだから、読了を目的にしなくていい。『本は読めないものだから心配するな』」

読めば読むほどわからなくなる無限ループが面白い

そもそも「読む」とはどういう営みなのか。本を読んでいるときの自分に何が起こっているのか。

「私が本を読んでいるときは、自分が頭のなかに寝かせている問題と、目から入ってきた文字が組み合わさって、それまで考えたことがない問題が浮上します。読めば読むほど、気になること、わからないことが増えていく。わからないことが出てくると、それが何か調べるためにまた本を買ってしまう。無限ループが生じるんです」

山本さんにとって、わからないことが増えるのは面白いことだ。

「わからないというのは、ゲームで言うと足元に何もなくて、ふわふわ浮いている状態です。本がゲームと違うのは、どうやったら足が地面につくのか、作者の用意した答えがないこと。着地できる保証がないまま、どこに地面があるのか足で探るプロセスが楽しい。着地してしまったら面白くないんですよね。謎がなくなるから」

けもの道のある書庫の奥。棚の上部には、講談社学術文庫が積まれていた。もちろん、全冊集める予定だ。

ゲームでも本でも、すぐ謎が解けて簡単に攻略できるとつまらない。

「その人のもっている知識の総量が球体だとしたら、知識が少ないうちは球も小さい。知識が増えると球はどんどん膨らんでいく。実はこの知識の球の表面がわからないことなんです」

少ない知識でわかったつもりになると、世界は広がらないのだ。知識を取り入れるチートな方法もない。

「よく学生からどうしたら速く大量に本を読めるのかと聞かれるんですよ。世間で売っている速読教材は、やってもいいけど意味がないだろうと答えます。なぜかというと、視野に入る文字数を増やせだの、眼球を速く動かせだのということしか書いてないから。

いくら眼球を速く動かせるようになっても、アラビア語を読めない人がアラビア語の本を読むことはできないでしょう。外国語だからではありません。理論物理学の教科書を読んだことのない人が、いきなり専門書を読んでも読めない。書かれた言語やテーマに関する基礎的な知識と経験が必要なんです」

生成AIに本を要約させて、読書を効率化しようとする動きもある。

「何割か間違っていてもいいから急いで概要を知りたいという用途で使うならいいかもしれませんね。要約って実はその人の関心によって変わるので、AIに代わりに読んでもらうなら、使う人がこういう観点でまとめてくださいと指定できないといけない」

知識の球を大きくするには？

「同じ分野の本を集中して読むといいと思います。ある本でわからなかったことが、他の本を読むとわかる。本から本へ、自分の知らないことを広げながら読むことを繰り返していくうちに、知識は増えていくでしょう」

山本さんの本の育て方。①データ登録②まえがきと目次、あとがき、索引を読む③書き込みながら精読④索引作成

一番上にある夏目漱石『文学論』の書き込みから山本さんの著書『文学問題（F+f）＋』が生まれた。

文字が生まれてから今までの学術史の地図を作る

山本さん自身が読んでいる本の分野はかなり幅広い。岩波文庫やちくま学芸文庫、講談社学術文庫を全部集めようとしているということは、興味があるのは人文科学全般だろうか。

「私は研究者ではないんですが、大学に籍を置くようになったら、誰かに会うたびに〈ご専門は何ですか〉と聞かれるんです。大学関係者のあいだでは、専門を尋ねるのが挨拶代わりになっているらしい。もう面倒くさいから、文系理系問わない学問全部と技芸術の歴史ということで〈学術史〉と言っています。そうすると漏れがないというか」

学術史に含まれるなかで、関心の向いたテーマを本にしている。

「最終的に作りたいのは、人類が文字を使い始めて五千年くらいの、地域を問わない学術史です。十九世紀くらいまでは、学者たちが自分の専門領域を超えて学問全部の地図を描く仕事をしていました。全体はこうなっていて、私がいるのはここですみたいな。物理学者も哲学者も全学問マップを作っていたんです。

二十世紀以降は完全に専門が分かれて、分野外のことはわからなくてよろしいということになった。大学でも専門が違う学者同士はあまり話ができなくなったわけです。バラバラになったものをどうやってもう一度つなげるかということが課題になっている。私みたいになんでも興味をもつ人が、専門家Aと専門家Bの話をつなぐといいのかなと考えています」

歴史学も専門が細分化する一方で、部分をつないで全体像を描こうとする試みもある。たとえば、フランスのアナール派はその一つで、人間の生活文

(左)アナール派の歴史書。(右)アロマオイルと犬のオブジェ。

化のすべてを視野に収めているらしい。

「アナール派は、歴史を考えるとき、地理や気候のような自然も含め歴史を構成する多様なものに目を向けます。また、従来の歴史学のように有名人中心ではなく、名もなき人の生きた痕跡をどうやって取り出すかということをずっと試みている。面白いですね」

山本さんの本棚で存在感のある『感情の歴史』もアナール派の本。どうやって感情の歴史を取り出すのか。

「方法の一つとしては、いろんな時代の辞書を調べています。辞書に感情を表すどんな語彙があって、どう定義されているかを見ていくんです」

地図作りの楽しさ
本はメルクマールになる

山本さんは学術史の地図を作ってどこを目指しているのだろう。

「行き先は特に考えていません。地図を作ること自体が好きなんです。ひょっとしたらゲームクリエイターの気質と関係あるのかもしれませんね。ゲームは要するに小さな世界で、必ずマップがあります。そのマップ作成を、もっと抽象的な知識に広げたということかな。しかもゲームと違って永久に完成することはない地図なので、ずっと手を入れ続ける。地図を作ることが使うことにもなっている感じです」

学術史の地図作りのどんなところに、山本さんは魅力を感じているのか。

やまもと・たかみつ
1971年生まれ。文筆家、ゲーム作家、東京科学大学リベラルアーツ研究教育院教授。著書に『記憶のデザイン』(筑摩書房)、『文学のエコロジー』(講談社)など。吉川浩満とYouTubeで書評チャンネル『哲学の劇場』を運営。

「仮に作った地図でも全体を見渡せるところでしょうか。本は地図の重要なメルクマールになります。Googleマップで言うと、ここにレストランがありますという印みたいなもの。本と本が連関して、知識は時間と空間のなかに位置づけられています。そして知識は時とともに、あちらこちらに移動する」

知識の地図で全体を見ることができれば、人間の思考はもっと遠くまで旅することができるのではないか。想像するとものすごく楽しい。

情報収集に活用しているイギリスの書評紙"Times Literary Supplement"。

「日本の場合、古来は中国・朝鮮から文化が伝わって、明治維新以降は欧米の文化に影響を受けていて、ごちゃまぜのちゃんぽんでずっと来ていますからね。日本語もいろんな異言語を由来にした言葉が含まれている。時代と地域をまたいだ地図作りを考える上でちょうどいい場所です。そういう交流したり交換したりするところが、知識や文化は一番面白いと思います」

08

辻山良雄

TSUJIYAMA Yoshio

積ん読者を誘惑し、喜びと悩みを生み出す源となっている書店。
現在、一日平均二百点以上の新刊が出版されていると言われている。
日々たくさんの本に囲まれて働く書店の主、
辻山良雄さんの積ん読ライフを探る。

青梅街道に面する辻山良雄さんの本屋「Title」。荻窪近辺の本好きから熱烈な支持を得ている。

幕末の探検家
松浦武四郎と

辻山良雄さんは東京で本屋「Title」を営みながら、毎日SNSで本を紹介し、エッセイ集も出版している。本を売るプロは、人が積ん読してしまう理由についてどう考えるのか。

「やっぱり出会った本を読みたいという衝動が抑えられないからじゃないでしょうか。買う前に〈あなたは家に読んでない本がたくさんあるでしょ〉と囁く自分がどこかにいれば積ん読にならなかったかもしれない。同じ本を一週間後に違う店で見たら、全然魅力的に映らない場合もある。でも、その時間、その場所、いろんな要素に動かされて、買ってしまうんですよね」

自分がよいと思ったものを積ん読は内包している

出会ってしまって、衝動買いしたものの、人に与えられた時間には限りが

「Title」店内。古い民家を改装した建物の1階は本屋とカフェ、2階はギャラリーとして営業している。

あり、積ん読になっていく。

「読めないまま時間が経っても、一瞬でも出会いを感じられたなら、その本と自分は関係していると思います。積ん読は自分が買ったときによいと思ったものを内包しているんです」

辻山さんが最初に買った本は何だったのだろう。

「覚えているものだと、小学生のころでしょうか。うちは本を読むことがわりと良いものとされている家だったからか、風邪をひいて学校を休んだりすると本を買ってくれたんですよ。『ズッコケ三人組』シリーズとか『くまの子ウーフ』を買ってもらったかな。あとレディボーデンのアイスクリームも一緒に(笑)」

中高生のときも読書は好きで、近所の書店で赤川次郎や新井素子の本を買った。今の辻山さんにつながっているのは、大学に入学する前、予備校に通っていた時代の読書だという。

「家がある神戸から大阪の予備校に電車で通っていて、往復一時間以上かかったんですね。その時間に、本を読む習慣ができました。予備校の帰りに、紀伊國屋書店梅田本店に立ち寄るようになったことがきっかけです。阪神間の風俗が描かれている谷崎潤一郎の『細雪』もたぶんそのころ読みました。あとは新潮文庫の海外文学が好きでした。ドストエフスキーとかトルストイとかサリンジャーとかカフカとか、いろんな国の文学を読んで面白いなと思ったんです」

予備校生のときは、買った本は読みきっていた。読む本の冊数を買う本の冊数が上回ったのは大学時代だ。

「早稲田だったので大学の近くに古本屋が何軒もあって、百円均一の文庫本とかを買うようになって。新刊書店も高田馬場には芳林堂、池袋にはリブロがありました。毎日どこかしらの書店に行って、一時間くらいは本を見ていたんじゃないでしょうか。積ん読する

(上)岩波少年文庫など厳選された児童書コーナー。
(下)平台には辻山さんの著書『小さな声、光る棚 新刊書店Titleの日常』も積まれている。

自宅の本棚。並んでいる本の半分くらいは読んでいない。最終的には中央の本棚に収まる量にしたいという。

つもりはなかったけど、いつのまにか家に本が増えていったんですね」

アルバイト先も、こぐま社という児童書専門の出版社だった。

「こぐま社はすごくよい会社で、おかげで絵本が好きになりました。新刊が出るとアルバイトにも一冊くれたんですよ。本のある空間にいるのがあたりまえみたいな生活だったので、本屋で働くのもその延長だったといいますか。出版社の採用試験も受けましたけど、本屋のほうが自分らしくいられる気がして、リブロに就職したんです」

本がここにあるということは他者の世界があるということ

今は独立して本屋「Title」の店主になった辻山さん。自宅の本棚を見せてもらうと、文芸書、絵本、地図、料理など、ジャンルは多岐にわたる。

「本屋はいろんなものを扱うから、こういう本棚になったのかもしれません。毎日、店の棚を見て、本を売っていくうちに、だんだん自分なりの地図が出来上がっていった感じです」

読んだ本と読んでいない本は分けず、本棚に混在しているという。

「この部屋に置けるだけしか本は持たないようにしています。あふれたぶんは古本屋さんをしている友達に引き取ってもらって。半分くらいは積ん読かもしれません。たとえば『須賀敦子全集』は、一巻から四巻あたりまでは何度も読んでいますが、五巻から八巻はほぼ読んでないですね。でも、須賀さんのテキストが書かれたものをここに所有していることが大事で、何回も読むテキストがあっても、まったく読んでいないテキストがあっても、そこに大きいな違いはないんじゃないかなと」

長年本棚にあり続ける『アメリカの鱒釣り』と『独り居の日記』。

どういうことだろうか。

「本は書いた人の世界がパッケージになったもの。本がここにあるということは〈自分じゃない人の世界がここにある〉ということだと思います。その世界が存在して、好きなときに手にとれるならばいま読む必要はないかもしれない。もちろん、読んでいればその本の言葉が、より自分に近しくなるでしょうけど、結局は、自分がどう生きるか、それに本棚に置いてある本がどう関わってくるかということが問題なんです」

テキストが少ない本にも、その本にしかない世界がある。たとえば、辻山さんが好きな絵本ということで見せてくれた『ぼくは川のように話す』。詩人ジョーダン・スコットの文章に、シドニー・スミスが絵を描いた作品だ。

「主人公は吃音（きつおん）の子供です。その子は普段うまくしゃべれないんだけど、心

予備校生時代は、通学電車でよく本を読んだ。当時から持っている谷崎潤一郎『細雪』。

のなかにはいろいろしゃべりたいことがある。ある日、連れていかれた川で、父親に〈おまえは、川のように話しているんだ〉と言われて、臆さずにしゃべれるようになるという話です。心情の伝わる言葉で、絵も美しくて、短いなかにすべてがある。贅沢な感じがします。

　画集でも写真集でも、ページを開けばその世界にいつでも戻っていくことができる。いろんな世界を平行移動できるのが紙の本のいいところです」

　自分の本棚を作ることは、読むかどうかは関係なく、自分の宇宙を広げるような感覚があるという辻山さん。

「広げすぎて本棚に収まらなくなると生活空間がなくなるので、新陳代謝するしかないんです。よく例に出すんですけど、福岡伸一さんの『生物と無生物のあいだ』で有名になった〈動的平衡〉という言葉があるじゃないですか。人間などの生物は外見上一定に見えるけれども、体内では絶え間なく細胞が入れ替わっている、という。うちの本棚も動的平衡を保っていると思います。自分の本だけじゃなくて、妻の本や亡くなった母の本もいつのまにかまぎれ込んでいる。日々新しい本が入ってきて、キャパオーバーになったら古い本が出ていくわけです」

　本棚は他者の世界の集合であり、生物でもある。たまに整理すると、自分の心身もすっきりするという。

「自分の体と本棚はどこかつながっている部分があるんじゃないでしょうか。本が増えすぎて雑然としてくると、澱（おり）がたまるみたいな感じがある。いったん整理してやることで走ったあとみたいな爽快感があります」

　自分の体とつながっているので、これから老いていくことも考える。

「私は今五十一歳ですが、あと三十年くらいかけて、家にある本は少しずつ

（上）亡き母に頼まれて買った都道府県の「歴史散歩」シリーズ。（下）旅が好きで、家にいるときも地図を読んでいる時間が長い。

減らしていかなきゃいけないと思っています。最終的には一本の本棚に収まるようにしたいですね」

内容のわからない積ん読が自分の世界を外に広げる

「Title」の棚にある本もまた、辻山さんとつながっている。

「店にある本も、ある意味では積ん読と言えるかもしれません。新刊は毎日どんどん出ます。入荷した本のなかから一冊選んで、ホームページとSNSで紹介していますけど、売りものということもあって、読んでコメントを書いているわけじゃない。ただ、店に並べているのは、すべて私がいいと思って仕入れた本です。自分にとってよいものを内包した世界が重なって、何かしらの世界観をつくっている。家の本棚と違うのは、自分の関心が薄いジャンルでも、店に来る人が興味をもちそうなら置いていることです」

　個人経営の書店は、店主の積ん読を見られる場所なのかもしれない。

「私はできるかぎり、積ん読をしたほうがいいと思うんです。読んだ本のことは、ある程度わかります。読んだ本しか家にないということは、自分がわかっている世界しかないということですよね。そんなの、つまらないじゃないですか。読んでない本があると、世界は外に広がっている。未知の世界に自分が開かれているんです」

　よりよい積ん読は、自分で選んだ本を買うことからはじまる。

「本屋の主として、どんな理由でも、本を買ってもらえるだけでありがたい。偶然の出会いで買ってもらえると、さらに嬉しいですね。あらかじめ探していた本を買うだけなら、それはどこの店でもいいわけですから。それまで知らなかった本だけど、うちの店で見て思わず買ってしまった、という経験をしてもらえたら、本屋冥利に尽きます」

（上）5巻以降は積ん読している『須賀敦子全集』。（下）料理関連書コーナー。石井好子のエッセイはTitleでもよく売れる。

学生時代にアルバイトしていたこぐま社でもらった絵本。『11ぴきのねこ』の作者・馬場のぼるのサイン入り。

　辻山さん自身も、そのときその店じゃなければその本を買わなかったという経験は何度もしているという。

「旅先が多いですね。たとえば松本に行ったときに、ホテル花月という民芸家具をあしらっているホテルに泊まりました。そのホテルの向かいに古本屋があって、入ってみると串田孫一の本だらけだったんですよ。さすが松本の古本屋だと思って。串田孫一は『山のパンセ』で知られる詩人・哲学者で、山にまつわる随筆もたくさん書いていました。私も昔は登山をしていたので、興味があったんですね。そんなに読まないのはわかっていたけど、十冊近く買って帰った記憶があります」

　新潟に行ったときも、地元の民俗学の本を買ったそうだ。

「東京の自分の店にある本は仕事の一部だから、好きで仕入れたものでも衝動買いすることはないんですよ。地方の書店に目的もなく立ち寄ったときのほうが、ときめきを感じます。本屋になる前の自分に戻るんでしょう」

書き手の人生も読者の人生も本は動かす可能性がある

　書店は本を売る場所だが、辻山さんの話を聞いていると、それだけにはとどまらないのではと思う。

「本には二つの意味があると思うんですよね。一つは商品。たとえば千円という値段が付けられた本は、千円払ったら買える。本を売ったお金で、書店という場所は成り立つし、成り立たせ

リブロのカバーのかかった本があった。妻の本で中身はリリー・フランキーの『東京タワー』。

るためにさまざまな販促をします。もう一つの意味は、金銭的な価値は関係なく、人をつくるものです。ある本を書いて仕事が変わる人もいれば、ある本を読んで心を大きく揺さぶられる人もいる。本は書き手の人生も、読者の人生も、動かす可能性があります」

　本が人生を変える可能性があることを実感する出来事もあったという。

「ある出版社の新しい営業担当になった女性が、挨拶に来たんです。私はその女性を知りませんでしたが、実は高校生のときからうちの店に通っていたそうで。おかげで本が好きになって、今の会社に入ったと話してくれました。本屋があって、本を読むことが、就職先を決めるほど人に影響を与えるのかと思ったんですね」

　本屋をテーマにした文筆業でも活躍している辻山さん。次にはじめる連載では、人をつくるものとしての本にアプローチするつもりだ。

「自分はこんなふうに本を読んできた、本を読むのはいいことですよ、ということは今までも実体験として伝えてきました。でも、うちの店がきっかけで、出版社に勤めるようになった人の存在を知って、本を買った人がその後どうしているのか気になったんですね。結論は出ないかもしれないけど、こんな本を読んできてこうなったという話を聞きたい。いろんな人に読書の履歴と人生についてインタビューする連載になる予定です」

3匹の猫と暮らす辻山さん。本棚の上にに猫の絵が飾られていた。

つじやま・よしお
1972年生まれ。「Title」店主。大手書店勤務を経て、東京・荻窪に新刊書店「Title」を開業。著書に『本屋、はじめました』（苦楽堂、ちくま文庫）、『しぶとい十人の本屋』（朝日出版社）など。SNSで毎日本を紹介している。

Title
東京都杉並区桃井 1-5-2
12:00～19:30（日のみ～19:00）
毎週水・第一、第三火定休

09

マライ・メントライン

Marei MENTLEIN

アニメ「銀河英雄伝説 Die Neue These」のドイツ語監修から芥川賞・直木賞の受賞作予想まで、幅広く活動するマライ・メントラインさん。可愛い猫たちと戯れながらドイツの積ん読事情を教えてもらう。

マライさんは2匹の猫と暮らしている。リビングの積ん読の横にいるのは、体は大きいけどシャイなトラさん。コーヒーテーブルの上には本を自炊するための裁断機があった。

ドイツ公共放送のプロデューサーであり、アニメと文学に造詣が深く、さまざまな形で日本とドイツをつなぐ活動をしているマライ・メントラインさん。日本人の夫、二匹の猫と東京都内のマンションで暮らす。夫も読書家で、二人の仕事場でもあるリビングのあちらこちらに本が積まれている。

「積ん読はします。読むべき本がたくさんあるんです。仕事で読まないといけない新刊があって、出版社の人が送ってくれる本もあるし。しかも、私は全部読まないといけないと思ってしまうタイプなんですよね。本を一度読みはじめたら、途中でやめることは基本的にない。夫もそうです」

読書が共同作業になることもある。

「たとえば私が仕事で本を紹介するときは、夫も同じものを読んで、意見をぶつけあう。私はドイツ人の感覚をベースにして読むので、ファーストインプレッションをそのまま日本の人たちにぶつけても、伝わりにくいところがあるんです。だから、夫と交わした討論のフィードバックをもとに、何をどう伝えるか考えていきます。二人の本棚を分けられないんですね」

日本に住んで十六年。今は芥川賞と直木賞の候補作も読んでいるくらい日本語が堪能なマライさん。最初に読んだ日本語の本は何だったのだろう。

「十六歳のとき、友達の家で読んだ『名探偵コナン』です。今思えば、いきなり〈刑事〉という言葉が出てきたりしてハードコアですね。意外と読めたなって自分でも驚いて」

『新世紀エヴァンゲリオン』など日本

(上)趣味で読むのは建築関係の本や散歩の本。ドイツ語の本もある。(下)『笑うときにも真面目なんです』などマライさんの著書が並ぶ。

のアニメも好きで、学生のころから深掘り解釈をしていたという。

「身近には語れる人がいなくて、インターネットでつながった人たちと議論をしていました。オタクが極まった状態で日本に来たんです(笑)」

多忙な人が積ん読を解消する時間を捻出するには

読むべき本がたくさんある上に、取材、執筆、翻訳、対談など、仕事は多岐にわたるため時間がない。

ソファーの脇のスツールにも本が積まれている。夫がよく読むという軍事系や歴史系の本があった。

チャマさんと遊ぶマライさん。小さいころ毛が茶色っぽかったのでチャマ。背後の本棚はイケアで購入した。

「いろいろやっているなかでもドイツのテレビ局の仕事は、いつ誰が連絡してくるかわからないわけです。急にこれを翻訳してほしいとか、これを調べてほしいとかドイツからチャットが送られてくる。締め切りはできれば二時間後、みたいな感じで（笑）。二〇二四年は一月一日に能登半島地震が起こったので、お正月も休みはなかったです」

週末はなるべく仕事を入れずに夫と一緒にカフェへ行く。本はそのカフェで読んだり、移動中に読んだりしているが、読む時間は全然足りない。そんなとき役立つのがオーディオブック。

「家事をしているときとか、歩いているときとか、本を開けない状況でも、朗読だったら聞けるんです」

昔からドイツではオーディオブックの出版が盛んなのだという。

「新刊が出るときは紙の本と同時にオーディオブックも出ます。昔はCDだったので、分厚い本だと十二枚組とかになっていました。今は音声データですけどね。文字を読むだけではなく、朗読を聞くことも読書なんです。だから、イベントのために一人の作家の作品を何冊も読まないといけないときとか、ほんとうに時間がないときは、紙の本で半分読んで、半分はオーディオブックで聞く、ということもあります。積ん読解消の手段として、オーディオブックは有効な方法の一つです」

人気声優による朗読などがきっかけで、日本でも近年はオーディオブックを聞く人が増えているが、まだそこまで普及しているとは言いがたい。

「ドイツの場合、アニメの制作本数が日本ほど多くなくて、声優文化はあまりないです。オーディオブックは、役者が朗読しています。すごく上手で味があって、聞いていて気持ちがいいんですよ。日本に来てドイツ語の本を読

あまり人見知りをしないチャマさんはよく顔を出してくれた。クッションは猫形、飾ってある絵にも猫がいた。

もうと思ったとき、紙の本は高価なので、だいたいオーディオブックを買います。でも、日本でオーディオブックの情報を見るとビジネス書ばかりが目に付くので不思議だなと思って」

確かにAmazonのAudibleのベストセラーランキングを見てみると、自己啓発本の占める割合が高い。

「小説のオーディオブックも増えてきましたが、まだまだ少ないので、電子書籍で買って音声読み上げ機能を使うこともあります。AmazonのKindleで読書補助機能をオンにすると、Alexaに読んでもらうことができるんですよ。掃除とかしながら〈Alexa、本を読んで〉って言うと読んでくれる」

(上) ドイツ語のオーディオブック。タブレットで再生する。
(下) CDのオーディオブック。青いほうは世界的なベストセラー『ソフィーの世界』。

厚いほどいいドイツの本 積ん読は翻訳できない

ドイツから日本に来て、読書文化の違いに驚いたことはあるだろうか。

「たとえば学校の授業で、教科書を声に出して読まされることがありますよね。それを見たときは驚きました。みんな棒読みで素早く終わらせていて、他の人に聞かせようと思って読んでいる感じがしなかったんです。ドイツの学校では詩の朗読や与えられたテーマに対してプレゼンする授業があって、表現の仕方をすごく大事にします。聞いている人にちゃんと内容がわかるように伝えることを重視するんです」

朗読会も盛んだという。

「ドイツの作家は自分の本のイベントで気に入っている一章まるごと、二十分くらい朗読することもあります。街の本屋さんが減っているという状況はドイツも日本と同じです。ただ、書店のコンシェルジュに相談しながら家族や友達に贈る本を選ぶ人の姿はわりとよく見かけますね。あと、ドイツ人はバカンスが大好きで、有休は全部消化するんです。長い休暇をとったら、滞在先に分厚い本を持っていくんですよ。ビーチとかでじっくり読みたいから、本は分厚ければ分厚いほどいいんです。値段のわりにページ数が少ないと、

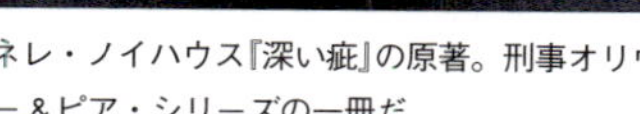

ネレ・ノイハウス『深い疵』の原著。刑事オリヴァー＆ピア・シリーズの一冊だ。

『14歳、ぼくらの疾走』などで知られる作家、ヴォルフガング・ヘルンドルフの日記。

Amazonのレビューで酷評されたりします。だから、そんなに厚みが必要ない本でも、わざわざ文字を大きくしたり余白をつくったりして、厚くする傾向があります（笑）」

厚い本を積むのは大変そうだ。日本ではドイツの「シンプルライフ」を紹介する本がたくさん出ていることもあって、物をため込むイメージはない。

「ドイツの家には、わりあい大きめのガレージや屋根裏部屋があります。マンションでも地下室を倉庫として使えたりするんですよ。日本の家よりは収納スペースを確保しやすいので、片づいて見えるだけかもしれません」

ドイツ語に積ん読を意味する言葉はあるのだろうか？

「積ん読はドイツ語には訳せないと思います。Bücherstapel、本の山という言い方だったらあるんですけど。単に本が山になっている状態で、予定どおり読めていないみたいなニュアンスはない。

あと〈インテリの壁〉というのがあって……。地域によるかもしれませんが、家の模様替えとか、引っ越しとかすると、友達を呼んでハウスツアーをするんです。そのとき、自分はインテリだからこんなに蔵書があるんだよという感じで、壁一面に本を並べて見せびらかす人がいる（笑）。読んでいるかどうかは問題ではなくて、本をたくさん置いて、インテリっぽく見られたいみたいな風潮はあります」

そういえば、昭和の時代の日本でも

百科事典や文学全集を応接間に飾ることが流行ったという話はある。

「ドイツではインテリであることが立場や収入に直結します。だから日本と比べると、学歴詐称問題の扱いも厳しいんですよ。政治家の学位論文にパクリ疑惑が持ち上がったら、誰かがその論文を探してきてネットに上げて、全国の人が寄ってたかって徹底的に検証します。日本で言うとオタクコンテンツのトレパク炎上みたいな感じで、大騒ぎになるんです。実際に論文の剽窃を糾弾されて辞職した大臣もいます」

本は知識や教養の象徴だ。積ん読はむしろよいものと見なされる。

「きれいに整っている積ん読じゃないとダメですけどね(笑)。私の父がうちの引っ越しを手伝ってくれたときに、本が多いこと自体はいいけど、コーヒーテーブルや床に積むのはよろしくないと思ったみたいです。リビングの壁に取り付けてあるイケアの本棚は、父が作ってくれました。買ったものをそのまま組み立てるんじゃなくて、うちに合わせてカスタマイズして。おかげで使いやすいです」

もし夢の書庫を作れたら心の積ん読は何にするか

父がカスタマイズした本棚のキャビネットの中にも本が詰まっている。

「『行け！稲中卓球部』とか『僕といっしょ』とか大好きな古谷実さんの漫画はキャビネットに入っています。あとは芦奈野ひとしさんの『ヨコハマ買い出し紀行』も好きです。わずかに残った人間とアンドロイドが静かに世界の終わりを迎える話。すごく美しくて泣けて、現代の日本の侘(わ)び寂(さび)はこれだって感動しましたね」

引っ越したときは、今コーヒーテー

シリア人の父とフランス人の母のあいだに生まれたリアド・サトゥフの自伝的コミック『未来のアラブ人』のドイツ語版。

寝室に隠れていたが抱っこして連れてこられたトラさん。このあとすぐ逃げた。

ブルの置いてあるスペースが、本の入った段ボール箱でいっぱいになった。

「コーヒーテーブルのあるところは、もともと小さい部屋でした。段ボール箱を搬入するために、部屋の壁をとったんですよ。数えきれないくらい箱があって、引っ越しに数日かかって、あまりにも大変だったので、電子化できるものはしようと思って、今は自炊しているんです。

本を裁断するのは心が痛みますが、しかたないですね。夫の趣味の雑誌のバックナンバーからスキャンしています。知り合いには本のために倉庫を借りたり、別荘を買ったりしている人もいますけど、私と夫の場合は、自宅と離れたところに本があっても生かせないかなと思います」

最後までスキャンせずに残しておこうと思っているのは友達の本や自分の関わった本、美しい本だそうだ。

イケアの棚をカスタマイズしてくれたマライさんのお父さん。背後の箱の中身は全部本だ。

「本棚の左端のほうに置いているのは趣味で読んでいる本です。『日本の不思議な建物101』とか山下和美さんの『数奇です!』とか。建築を見るのが好きなんですよね。あと、紙で物理的に残しておきたいのは、イベントで〈これです〉って見せたい本」

ドイツ語の紙の本もある。

「男女二人組の捜査官を主人公とする〈オリヴァー&ピア〉シリーズの作者で、

私がドイツミステリの大本命としてずっと注目しているネレ・ノイハウスの本は、仕事でもたびたび使いますし、紙で持っておきたいです。

"Der ARABER von morgen"（邦題『未来のアラブ人』）は、大好きなグラフィックノベル。シリア人の父とフランス人の母のあいだに生まれたリアド・サトゥフの自伝ですね。原著はフランス語で、私が持っているのはドイツ語版です。

"Arbeit und Struktur"も大好きな本。ヴォルフガング・ヘルンドルフという作家が脳腫瘍と診断されてから亡くなるまでのことを記録した日記です」

マライさんの理想の書庫は？

「吹き抜けのすごく天井が高い部屋の一番上まで、今使っているみたいな本棚があるといいな。ハシゴで上れるんだけど、途中の段に人間も腰掛けられるキャットウォークがいくつかある。私と夫はそこで本を読んで、チャマとトラは遊ぶ。デザインしてくださいって言われたら秒でします（笑）」

仕事に関係なく、いつか読んでみたい心の積ん読はなんだろう。

「なんでも好きな本を読める時間ができたら、日本人はみんな中学生、高校生のときに読んだよね、みたいな名作をちゃんと読んでみたいです。もちろん読んだものもありますけど、体系的に読みたい。

たとえば夏目漱石の『吾輩は猫である』とか、大学の授業で習って一部を読んだだけなんですよ。全部読めばもっと深い意味がありそうだなと気になっています。

川端康成の『雪国』とか、清少納言の『枕草子』とか紫式部の『源氏物語』とかも読んでみたい。教養として読みたいんじゃなくて、ただ日本のことを知りたいんです。私は日本が好きだから」

まらい・めんとらいん
1983年生まれ。職業はドイツ人。2008年から日本在住。ドイツの公共放送のプロデューサー、通訳・翻訳、日独交流のコーディネーターを務める。J-WAVE「JAM THE PLANET」にレギュラー出演中。

小川さんが大学の研究室の他に借りている仕事場。「ビオトープ」と呼ぶ本棚には、ずっと追いかけているテーマの本や今まさに書いている原稿の資料が並んでいる。

10

小川公代

OGAWA Kimiyo

小川公代さんは、ケアや女性の
生きづらさをテーマに文学研究をしている。
ぜひジェンダーと積ん読の話を聞いてみたいと思いながら
仕事場にお邪魔した。明らかになったのは
女性と部屋と本棚の切ない物語だった。

「信じていただけないかもしれませんけど、本って生きているんです。ビオトープという概念があって……。本がどこかに行っちゃいましたね(笑)。私、本の入れ替えが常にゆるやかになされている仕事場の本棚をビオトープって呼んでいるんです」

古今東西の文学を縦横無尽に語り、ケアの価値を再評価した『ケアの倫理とエンパワメント』で、一躍脚光を浴びた英文学者の小川公代さん。大学で教鞭をとるかたわら、旺盛な執筆活動を行う。小川さんの言う「ビオトープ」とは、永田希さんが『積読こそが完全な読書術である』で紹介している言葉で、生物群の生息空間を意味する。

奥にあるハンドル付きの本棚は、隙間から引っ張り出せるスライド式。邪魔にならず背表紙が見やすい。

「本という生物と私が共存して交流する空間と言えばいいでしょうか。ビオトープでさまざまな本とつながることで、私も成長しています」

ビオトープの作り方 付箋の色には意味がある

小川さんはビオトープをどのようにして作っていったのだろうか。

「本を買うとすぐ、ざっと全体を読んじゃうんですよ。途中で立ち止まらず、一時間くらいで。大まかな内容をつかんだら、自然と行き先が決まります。直近の仕事に関係がありそうな本は最前列中央のビオトープ。将来使いそうだったら、周囲にある中長期的なビオトープに入れます。もちろん仕事と無関係のものも山ほどあります。私にとっての積ん読は、分類しただけで精読していないものですね。一般的な意味での積ん読は少ないかもしれません」

書評で取り上げるもの、評論の資料など、仕事に必要になったらビオトープから本を抜き出して精読する。

「二度目に読むとき、初めて付箋をつけるんです。付箋の色には全部意味があります。緑は私の医科学の関心に結

上段にヴァージニア・ウルフコーナーがある。『幕間』はダブって購入。

ビオトープを正面から見たところ。一番手前は、今書いている原稿のための棚。中央にフェミニズム関連書。

びつく生命、身体、動植物環境について書かれた箇所。ピンクは戦う系。広義の戦いです。マイノリティが既存の価値と戦う場合もあれば、フェミニズムの闘争もある。赤は戦いの最上級。青は制度です。紫は邪悪なもの、批判対象です。戦いや対立ではない葛藤、関係性の継続、つまりケアはオレンジにしています」

最終的にはビオトープにある本をすべてその形で分類したいという。

「長年本とつきあってきたなかで、たくさん後悔しているんですよね。付箋をちゃんと色分けしていれば時間が経っても初読の感覚を取り戻せたのに、とか。そういう失敗を繰り返しながら、今の読み方が出来上がっていったんです」

生態系としての本棚は、一つの仕事が終われば入れ替わる。

「原稿を書いたあとの本は、ヴァージ

ニア・ウルフとか、オスカー・ワイルドとか作家別のセクションに並ぶこともあれば、そのセレクションをそのまま保管するときは、下の階に住む甥の部屋に置かせてもらうこともあります。やっぱり収まらなくなるので、自炊しようと思ったこともありますが、五冊データ化した時点で心が折れてやめました(笑)」

ヤンキーと一緒に尾崎豊を歌っていた

実家は和歌山の英会話学校だったが、勉強が大嫌いだった小川さん。

「実は小学生のころ、一年半アメリカにいたんですよ。アメリカの学校は驚くほど自由で、先生も生徒の自発性を大事にする。だから帰国したとき、日本の教育制度はおかしいと思ったんです。ものすごく抑圧的だし、いじめに

精読する本は付箋をつける。付箋はテーマごとに色分けする。同じテーマで複数の本をつなぐときに役立つ。

無印良品の棚を愛用。文庫棚でも背を上にして差し込めば四六判が入る。

もあって。中学生になるとすっかり不良になっていました。ヤンキーと一緒に尾崎豊を歌ったりして」

母は学校に呼び出された。

「先生に〈お宅の娘さんはこのままだと就職はできません。当然ながら進学もできません〉と言われて、母が大泣きしたんですよ。それを見て反省して。母を泣かせないために勉強するようになったんです」

勉強は嫌いだが本は好きだった。

「私にとって読書は今でも娯楽なんです。学生時代は、毎日夜中の二時まで本を読みふけっていて、目も悪くなった。そのことを知った父が、忍び足で部屋を見に来るんですよ。不意打ちでチェックして、暗い中本を読んでないかを見にくる。私は耳をすませて、父の気配を察知したら寝たふりをしていました。私が本を手放さなかったのは、自分で自分を教育していたんだって、イギリスの大学に進学したあとに気づきましたね」

小川さんが大学で出会ったのが、フェミニズム運動の先駆者メアリ・ウルストンクラフトによる『女性の権利の擁護』。彼女は『フランケンシュタイン』の作者メアリ・シェリーの母としても知られる。

「自分で読み書きをおぼえて女性の権利について論じたウルストンクラフトは、誰にもしろと言われないものを体得するのがセルフエデュケーションだと書いていた。私は自分の経験を重ねて、そのとおりだと思ったんです。ウルストンクラフトは急進的な人だったから、かなりバッシングされて、二回も自殺を図った。娘のメアリ・シェリーは、公の場でフェミニストと思われるような発言は一切しなかった。女性の書いたものは匿名でしか出版しないという当時の慣習にも従順でしたが、彼女の『フランケンシュタイン』はものすごく反逆的な小説です」

母と娘は対照的でありながら共通するところもある。その生き方に衝撃を受けたのだという。メアリ・シェリーは自分の本棚を持っていたのだろうか。

「父親であるウィリアム・ゴドウィンは思想家で書店も経営していましたから、家に本は山ほどあったんです。それらの本を自由に読むこともできたけれども、自分の本棚という感じではなかったかもしれない。ウルストンクラ

『翔ぶ女たち』で取り上げた野上弥生子の本がある。小川さんがもっているのは『自分ひとりの部屋』の洋書。

フトは、メアリー・シェリーを産んでまもなく、産褥熱で亡くなりました。メアリ・シェリーは、母親が埋葬されている墓地をしばしば訪れて、墓の前で本を読んでいたそうです」

自分ひとりの部屋と積ん読の関係

ヴァージニア・ウルフの『自分ひとりの部屋』の〈女性が小説を書こうと思うなら、五百ポンドと自分一人の部屋を持たねばならない〉という有名な一節を思い出す。積ん読ができるのは、自分の部屋があって本を買えるからだ。

「ジェーン・オースティンやブロンテ姉妹など、昔の女性作家は、自分の部屋を持っていない人がほとんどです。その代わり、父親が知識人だったので、本を読むことができたんですね」

小川さんが『翔ぶ女たち』でクローズアップした野上弥生子も、晩年は夏の間、軽井沢にある書斎兼茶室で一人執筆していたけれども、子育てをしている時期は自分の部屋を持っていなかった作家だ。

「弥生子は息子の勉強部屋をちょっと借りて小説を書いていたというエピソードがありますね。師事していた夏目漱石に本を分けてもらったり、夫の野上豊一郎の本棚を使ったりもしていたでしょう。持たざる女性たちは、何百年もそうやって、うまく周囲のリソースを使ってきたんです。私も大学時代はお金がなくて図書館に毎日入りびたっていました。本が読める環境を社会が与えてくれたわけです。今は自分の部屋があって、研究費で本を買うこともできます。大学の専任教員だからです。特権的な立場だと思います」

現代においても、女性が自分の自由になる空間やお金を得ることは容易で

「私、本当はゴシックの人なんです」と言う小川さん。『フランケンシュタイン』の本は各種揃えている。

はない。小川さんが思い浮かべるのは、和歌山に住む姉のことだ。

「姉はパートタイムで働く主婦です。私と同じように海外の大学を卒業しましたが、結婚後は家事と子育てに専念してきた。アガサ・クリスティのミステリー小説が大好きな姉の本棚が家のどこにあるかというと、リビングとダイニングの間に置いてあるんですよ。自分だけの部屋がないから。いつもそれを見て、胸が締めつけられる思いがします」

小川さんの母も主婦だった。

「母は五十代になって、突然、自分の人生はこんなはずじゃなかったと言いはじめました。子育てに追われて、気づいたら年をとっていて、やりがいのある仕事もなければ、自分の自由になるお金もない、文化的な生活もできていないと嘆いていて」

小川さんは友人、知人から情報収集して、母の就職活動を支援したという。

「五十九歳のとき母は家庭裁判所の調停委員になりました。そんな立派な仕事は無理と尻込みしていましたが、働きだしたらキラキラして。子供や夫婦の問題に向き合うために、本もたくさん読んで勉強していました。読書は絶対にしなければならないものではありません。ただ、自由に本を読めることは人間の尊厳に関わると思います」

姉も母も、自分の意思で家庭に入ることを選んだのかもしれない。しかし、社会構造の問題もある。

「二〇二三年にノーベル経済学賞を受賞したクラウディア・ゴールディンという人がいます。ゴールディンはアメリカで大学教育を受けた女性たちを五つの世代に分けて、仕事と家庭の両立について調査しました。その結果、男女の賃金格差が大きくなるのは女性が〈チャイルド・ペナルティ〉によって正

小川さんの本棚では珍しい100パーセント未読の『チボー家の人々』。

規雇用で働く機会を奪われているからだとつきとめるんですね。同じ学歴、同じ職種の夫婦であっても、女性のほうが子育てに時間を割くことになり、技術や収入などのリソースを増やせない。女性が自発的に経済力を失っているように見えても、それは構造の問題だと指摘しているんです」

本に背中を押されて夢の図書室を手に入れる

小川さんも母や姉のように自分ひとりの部屋を失う危機はあった。

「二十年前に結婚したとき、夫は私に非正規雇用でいいと言ったんですよ。自分の稼ぎだけで暮らしていけるし、本が好きならいつか夢の図書室も作ってあげるよって。ちょっと心は揺らぎましたけれども(笑)、夫が約束を守ってくれる保証はどこにもないですしね。散々話し合って、私は正規雇用の仕事に挑戦することにしました。それから夫とは対等な関係を築くことができたので、若い頃に食い下がってよかったと思います。本のビオトープを作ることができたのは、私が折れなかったからです」

今の仕事場を借りたのは、二〇二〇年。コロナ禍がきっかけだった。

「大学の講義がリモートになって、海外にも行けないという状況になったときに部屋を借りようと思いついたんですね。ずっと前から仕事に没頭できて本も置ける自分だけの空間はほしかったのですが、ためらいがあって」

三島由紀夫の本、魔女関係の本など、書き終わった原稿の資料は下階に住む甥の部屋に置かせてもらっている。

おがわ・きみよ
1972年生まれ。上智大学外国語学部教授。ケンブリッジ大学政治社会学部卒業、グラスゴー大学博士課程修了（Ph.D.）。専門はロマン主義文学および医学史。著書に『ゴシックと身体――想像力と解放の英文学』（松柏社）など。

そんなとき、オスカー・ワイルドの「秘密のないスフィンクス」という短編小説を読んだという。

「ある謎めいたレディ・アルロイという女性の秘密をめぐる物語です。彼女は家があるのに、月々高いお金を払って、街中に貸間を借りています。語り手は男がいるのではとか、あれこれ邪推している。ところが、彼女が病死したあとに、彼女の秘密が明らかになります。貸間で何をしていたかというと、ただ椅子に座って、本を読んだり、お茶を飲んだりしていたんですよ」

小川さんはワイルドの「秘密のないスフィンクス」が、ウルフの『自分ひとりの部屋』とつながっていると考えた。

「まさに女性が自分の部屋を手に入れる話なので、ウルフは読んでいたんじゃないかなって。女が好きなことをする空間を得ただけで、何か悪いことをしているに違いないとか、贅沢だとか思われる。私がなかなか仕事場を借りられなかったのも、そういう価値観の影響をまったく受けてないとはいえません。でも『秘密のないスフィンクス』の女性がしていたことは素敵ですよね。この短編と『自分ひとりの部屋』のおかげで、自分もやってみようと思えた。本に背中を押されたんです」

仕事は多忙であり、八十歳になる母の介護にも追われているが、お気に入りの本棚がある空間に救われる。

「自分の作ったビオトープを眺めているだけでも楽しい。ロフトで寝られるし、料理もできるので、自宅は別にあるのですが、ずっとここを離れたくありません（笑）」

11

飯間浩明

IIMA Hiroaki

国語辞典編纂者の飯間浩明さんは言葉ハンターだ。
世の中のあらゆる場所で、生きて使われている言葉を採集している。
本も用例を集めるためにジャンル問わず買っていて、
どうしても積ん読は増えてしまう。そこで飯間さんは書籍をデータ化した。
辞書のプロならではの自炊術に驚嘆！

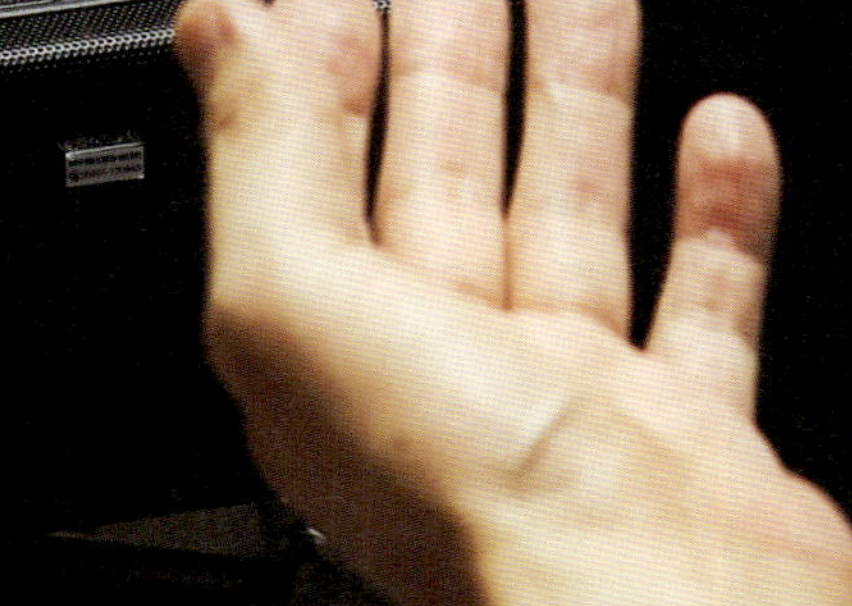

飯間さんの仕事部屋。パソコンのディスプレイに表示されている画像は、高峰秀子による人物批評『いっぴきの虫』の表紙だ。このパソコンのなかにも、素晴らしい本棚がある。

「〈積ん読〉は明治時代からある言葉です。『三省堂国語辞典』第八版では〈書物を積んでおくばかりで読まないこと〉と解説しています。〈積んどく〉と〈音読〉〈耽読〉などの〈読〉とを掛けているわけですね。こういう皮肉の利いた言葉遊びは昔からありました」

国語辞典編纂者として、言葉の面白さを伝える活動にも熱心に取り組んでいる飯間浩明さん。積ん読は飯間さんの原点にも関わりがあるという。

「誰しもいろいろな理由で積ん読は避けられないものですが、中には積ん読を前提に本を買うのが趣味という人もいます。私の祖父はまさにそういうタイプでした。

郷里の香川県高松市にある私の家には、祖父が買った美術全集や百科事典が揃っていました。最初は祖父の部屋にあったのが、積ん読のまま座敷に移り、紆余曲折を経て私の部屋に置かれ

1.スピン（紐状のしおり）がついている本はハサミで切り取る。2.カッターで本を表紙と本体に分ける。四六判の場合、表紙が丈夫なので時間がかかる。3.本体を裁断機で切断できる厚み（1.8cm程度）に割く。

ました。今思うと、教育的にとても恵まれた環境でした」

祖父から孫へ受け継がれた積ん読が知的財産に

祖父の積ん読のなかに『日本国語大辞典』初版全二十巻があったという。

「この辞書が全巻完結したのが一九七六年。私は小学三年生になるところでした。何しろ自室に揃っているので、いつしかパラパラとめくって読むようになりました。知らない言葉が多くて、わくわくしましたね。一方、祖父は一向にそれらの本を使う気配がない。どうして買ったのかと聞くと、〈本というのは財産になるんだよ〉と言いました。知的財産という意味ではなく、売ったらお金になると思っていたようです」

終戦直後には、本を売って食糧を得

ていたという人の話もあった。

「祖父は戦前から小学校の教員をしていました。戦中戦後は本がなかったので、本に対する憧れが特に強かったのかもしれません。当時の本の少なさは、国会図書館のデジタルコレクションで蔵書の全文検索をすると実感できます。〈生活〉などありふれた語句を検索しても、戦中戦後だけガクッと件数が減るんです。国会図書館でも当時の本が少ないからですね。人々が活字に飢えていたというのは大げさではありません。ところが、戦後も一九八〇年代になると、百科事典などは売れなくなり、祖父の思うような資産ではなくなりました。ただ、祖父の〈積ん読本〉のおかげで、私は後の辞書作りにも役立つ知的財産を得ました。このことはとても感謝しています」

少年時代、買った本は基本的に最後まで読んでいたという飯間さん。それでも積ん読していた本はあった。

「たとえば、サン＝テグジュペリの『星の王子さま』です。子供向けの物語だと思って買ったら、どうも難しい。きわめて哲学的な内容でした。冒頭のウワバミが象を飲み込んで帽子みたいに見えたというところは面白かったけれども、その先はよくわからなくて挫折しました。

六、七年前、岩波文庫に入った時にやっと読了して、人生の宿題を一つ果たした気がしました。今の自分だからこそ身にしみてわかる、という部分もありましたね」

もう一冊の思い出に残る積ん読は、武田泰淳の『風媒花』。

「中学のころ、国語の先生と文学の話をするのが好きだったんです。その先生が〈難しい小説を読め。武田泰淳とかな〉とおっしゃるので、たまたま書店で見つけた『風媒花』を読みました。

4.背の部分を文字が切れないように切断する。5.スキャナーで取り込む。6.取り込んだ画像データはテキストファイルに変換する。自作のツールを使って校正・整形した後、決まったフォルダに入れる。

戦後の中国に関心を寄せる知識人たちの葛藤を、皮肉なユーモアを込めて描く作品です。当時の私には、まあ意味不明でしたね。今から十数年前、これも再読しました。もう辞書編纂者になっていましたから、用例を採集しながら読みました。登場人物も魅力的だし、一九五〇年代ならではの言葉が面白くて、すっかり引き込まれました」

毎日ご飯を食べるのと同じく積ん読本があるのは自然なこと

辞書を作る仕事をはじめて、飯間さんの積ん読は一気に増えた。

「大人になると積ん読本が増えていかざるを得ないですね。一日は二十四時間しかありませんし、読書以外にもすべきことは多いですから。〈積ん読になっている本があります〉というのは〈毎日ご飯を食べています〉というのと同じで、ごく自然なことです。

飯間さん愛用の裁断機。メーカーはDURODEX。驚くほど切れ味がよく、切断面も美しい。

とりわけ辞書なんかは、読み通そうとしても難しいでしょう」

リビングの本棚に並んでいる本のうち、かなりの割合を辞書が占める。国語辞典だけではなく、外来語、類語の辞書など、何種類もある。

「たとえば一九七二年刊行の外来語辞典があります。インターネットの用語も載ってないし、現代の日常生活にはあまり役に立ちません。でも、ある言葉がいつから現れたのかを知るには、こういう古い辞書も必要です。いつも使うわけではないし、まして通読はし

リビングの本棚。編纂に携わる『三省堂国語辞典』から、『広辞苑』などの大型本、『NHK日本語発音アクセント新辞典』まで、仕事で使う多種多様な辞書が並ぶ。太陽の塔の置物は、岡本太郎展で購入したそうだ。

ていませんが、大事な資料なんです」

辞書を通読する人たちもいる。

「辞書ファンのなかには、辞書を最初から最後まで読了しました、という人も珍しくありません。もちろん、どの辞書の記述も面白いのは確かです。平凡な言葉でも、辞書によって説明が違いますから。ただ、私自身は何冊もの辞書を通読する根気も、体力もないですね」

自分たちの作った辞書は、通読するのではないだろうか。

「結果的には読んでいるでしょう。ルンバという掃除機がありますね。ルンバがゴミを吸い込むときに、まっすぐは進みません。ランダムに走り回って、最終的には全体がきれいになっています。私も自分たちの辞書に載っているあちこちの言葉を再検討しながら、関連項目をずっと見ていきます。長年その作業を繰り返すうちに、大体の項目

仕事部屋の机と本棚。パソコンのなかにスキャンした本のデータが入っている。本棚はノンジャンル。

は読んでいるはずです」

辞書編纂者ならではの本の読み方だ。辞書以外の本を買うときも、用例を集めるという目的を兼ねている。

「言葉関係の本が相対的に多いですが、どんなジャンルの本でも買います。いろいろな分野の言葉を集めたいんですよ」

十五年ほど前から、飯間さんは蔵書のデータ化を進めている。

「辞書の仕事をしているうちに本が増えて、どんどん部屋が狭くなってきました。生活に支障があるので、なんとか本を減らしたい。けれども、大事な資料を古書店に売るのはためらわれます。それで、本をスキャンして、全文のテキストデータを作って、パソコンに保存するようにしたんです」

電子書籍だと横断検索できないため、現物の書籍をスキャンしてテキスト化したほうが便利なのだそうだ。飯間さんが最初にスキャンしたのは『新潮現代文学』全八十巻だった。

「本棚から一挙に八十冊消えるんですからね。広々とします。それで味を占めまして、好きな本とか嫌いな本とか関係なく、資料になりそうな本は全部データ化しようと考えました。今、一般書籍と辞書類、雑誌類をあわせて数千冊がデータになっています。〈大事な本を裁断して平気なんですか〉と聞かれることもありますが、パソコンに入っているほうが読みたい本にすぐアクセスできるし、生活空間も広くなるし、デメリットは感じません」

買ったまま読まなかった本がデータ化することで生きる

物理的にスペースが空く以外にも、データ化にはメリットがあるという。

「本をスキャンしてデータ化すると、積ん読を防ぐことにもなります。データが入っているパソコンで言葉の用例を検索するとしましょう。普段は読まないような、いろいろな本の一部が引っかかってきます。その言葉がどういう文脈で使われているか、おのずと前後の文章を読むことになります。たとえば〈愚劣〉という言葉を調べていて、〈太郎の愚劣な行為が許せなかった〉とあれば、その行為の内容を確かめなくては正確な意味が取れませんね。こうして、買ったまま読む機会のなかった本を、一部とはいえ読むことになる。データ化の効用ですね」

ネットで検索して結果を読み込んでしまうことはよくある。本そのものを横断検索できるなら、積ん読も少しは解消できるかもしれない。

「スキャンするとき裁断機でバラバラにするので、本が好きな人は抵抗があるかもしれません。でも、私にとってはむしろ本が生きるんです」

飯間さんがパソコン上でどのように本を読むのか見せてもらった。

「パソコンのなかに取り込んだ本のデータは一つのフォルダに百冊ずつ入れています。たとえば二十番目のフォルダを開くと、星新一『悪魔のいる天国』、御間根山貞雄『江戸前ずしに生きる』、御厨貴・中村隆英編『聞き書 宮澤喜一回顧録』……ジャンルはめちゃくちゃですね(笑)。分類せずスキャンした順番に入れています。その代わり、検索しやすいようにファイル名を付ける。『悪魔のいる天国』なら〈あくま_悪魔のいる天国_星新一_d020〉。ルールに従って保存すれば、どこにあっても出てくるので不便はないです」

スキャンした本のデータは、パソコンのハードディスクとクラウドの両方に保存していて、スマートフォンでも見られるようにしているという。

「先ほどの二十番目のフォルダを見ま

(左)机の脇には現在調べ物に使っている本の小山。(右)1段に2列並べるときは、奥が見えるように手前に低めに本を積む。

すと、『いっぴきの虫』という本があります。俳優の高峰秀子の著書です。私は彼女のファンなんです。このフォルダを開くと、表紙と本文をスキャンした画像が入っています。テキスト化したファイルは別のフォルダに入れます。画像もテキストもDropboxに自動保存されます。

　さて、『いっぴきの虫』を読んでいると〈坊ちゃん刈り〉という言葉が出てきます。この言葉は他にどんな本に出てくるか、テキストファイルを検索してみます。すると泉麻人『ナウのしくみ』とか、川上弘美『センセイの鞄』とか、〈坊ちゃん刈り〉の出てくる本の一覧が表示されます。そのなかに『新潮現代文学』の第七十三巻に収録された野坂昭如の短編もある。この巻は以前通読したはずだけど、覚えてないのでちょっと読んでみよう、となるわけです」

　検索によって思いがけない作品との出会いがあって楽しそうだ。

「スキャンする作業は非常に大変ですけど、言葉を検索するのは楽しいですよ。ただし、この本のデータは法律上、誰かに差し上げることはできません。あくまでも個人的な利用にとどめています」

すべての本はスキャン待ち
でも本の内容を愛している

　素晴らしいデータベースを構築している飯間さんだが、紙の本を読むのももちろん好きだという。

「よくベッドに寝転んで本を読んでいます。本は銀座の教文館や日本橋の丸善で買うことが多いです。電車の中で、向かい側の乗客が読んでいる本が気になって買うこともあります」

　月に購入する本は十冊程度。その他に献本も多く送られてくる。

「蔵書がきちんと並んだ家に憧れますが、うちの本棚には秩序がありませんね。

(上)飯間さんが監修を務めたアニメ『舟を編む』のDVDボックス。(下)やはり飯間さんが監修した『あいさつ・敬語のえほん』全3巻。

「シルバー」がいつから高齢者の意味で使われているかなど、言葉の変遷も辞書で見る。

永井豪さんの『ハレンチ学園』の隣に高島俊男さんの本があって、その横は太宰治で、もうめちゃくちゃですよ。いずれスキャンするから、というわけですが、間違いの元にもなります。加藤陽子さんの『それでも、日本人は「戦争」を選んだ』を私は非常に面白く読んで、スキャンしたんですが、本棚を見るともう一冊あるんです（笑）。スキャン用と保存用というわけではなく、整理が悪くて〈二度買い〉したんですね」

全巻揃えた『手塚治虫文庫全集』はスキャンの最中で、いくつかの巻が欠けている。『サザエさん』は十二巻だけが本棚に。漫画はテキストにしにくいので、画像だけで残すそうだ。

「他の読書家の本棚を拝見すると、いずれも本に対する愛情が感じられます。私の場合、大切な本はスキャンしてしまうので、必ずしも本棚に残りません。

興味のない本も、データにすることで味わえることがあります。要するに、うちにあるどの本もスキャンを待っている状態です。〈お前は愛書家ではない〉と批判されそうですね。でも私は、本の内容そのものを愛しているんです」

いいま・ひろあき
1967年生まれ。国語辞典編纂者。『三省堂国語辞典』編集委員。著書に『日本語はこわくない』（PHP研究所）、『日本語をもっとつかまえろ！』（毎日新聞出版）など。国語辞典の魅力を発信するイベント「国語辞典ナイト」も開催している。

朗読イベントなどでギターを演奏する管さん。友人の小島敬太さんとのコラボ曲『萩原朔太郎「巣」をうたう』は明治大学総合芸術系の公式YouTubeで聴くことができる。

12

管啓次郎

SUGA Keijiro

『本は読めないものだから心配するな』。未読の本の山を抱えて四苦八苦している身にとって、心安らぐタイトルの本だ。著者の管啓次郎さんが提唱するのは、一冊の本にこだわらない新しい読み方。積ん読は怖くない！

机の上には、読みかけのスペイン語版『百年の孤独』がある。

研究室に入って右手にある本棚。映画のDVDボックスも目につく。

「『薔薇の名前』を書いたウンベルト・エーコの書斎を見たことはありますか？　個人の家だけど、図書館ですよ。どこまでいっても本棚でね。蔵書は五万冊だそうです。文化人類学者の山口昌男さんは約三万冊という話を聞いたことがあります。それと比べたら、僕なんてまったく大したことはない。おそらく研究室と自宅をあわせても、五千冊はいってませんからね」

多様な言語で書かれた本が積まれた研究室に迎え入れてくれたのは、比較文学研究者で詩人の管啓次郎さん。英語、フランス語、スペイン語の書籍の翻訳を手がけ、『斜線の旅』で読売文学賞を受賞した随筆家でもある。

読んでない本を意味する「積ん読」という言葉は、英語にもフランス語にもスペイン語にもないという。

「TSUNDOKUが世界中で使われています。読めない本をたくさん買う人はどこにでもいますから、便利な言葉として広がったのかもしれない」

本は読めないものだから積ん読は恐れなくていい

若いころは暇さえあれば古書店に通い、留学先でも図書館に住んでいるようなものだったという管さん。

「積ん読は恐れなくていい。本は読めないものだからです。僕なんて途中で読むのをやめた本も、背表紙しか読んでいない本もいくらでもあります」

窓際には柳下毅一郎さんも使っていたバンカーズボックスがあった。

机の脇の本棚には、洋書と日本語の本が半々くらい。ジャンルは人文書が多い。床の上に積まれた本が汚れないようにチラシが敷いてある。

本が「読めないもの」とは、いったいどういうことだろう。

「第一に、本は〈冊〉という単位で考えるべきではない。本は物質的に完結したような顔をしているけれども、あらゆる本、あらゆるページと、瞬時のうちに連結してはまた離れるということを繰り返しています。一冊の本を読んでいるつもりでも、読んでいるときの頭のなかには、いろんな本のページやパラグラフが読み込まれている。本は常に進行中・生成中のヴァージョンだから、表紙から裏表紙まで読んでも読み終わることはない。何が書いてあったかを忘れてしまうのもあたりまえです」

一冊で完結していないし、読んだことを忘れるのはあたりまえだから、全部通して読めたかどうかは気にする必要がない。その本に何度も立ち返りたくなるかどうかが問題なのだ。

「たとえば、ガルシア＝マルケスの『百年

ジョージ・スタイナー『言語と沈黙』より、カフカを評論した一段落。パラグラフリーディングの見本だ。

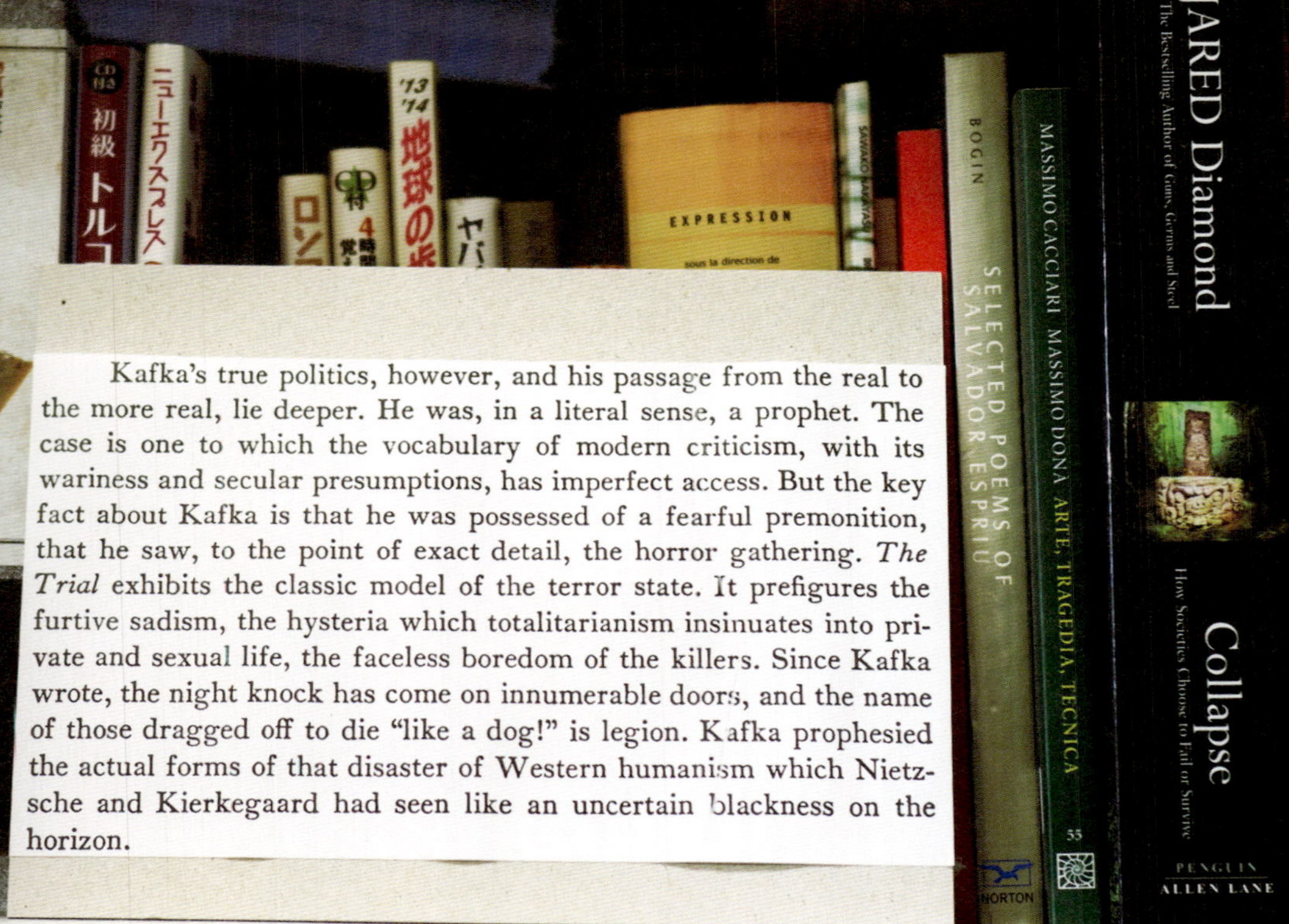

Kafka's true politics, however, and his passage from the real to the more real, lie deeper. He was, in a literal sense, a prophet. The case is one to which the vocabulary of modern criticism, with its wariness and secular presumptions, has imperfect access. But the key fact about Kafka is that he was possessed of a fearful premonition, that he saw, to the point of exact detail, the horror gathering. *The Trial* exhibits the classic model of the terror state. It prefigures the furtive sadism, the hysteria which totalitarianism insinuates into private and sexual life, the faceless boredom of the killers. Since Kafka wrote, the night knock has come on innumerable doors, and the name of those dragged off to die "like a dog!" is legion. Kafka prophesied the actual forms of that disaster of Western humanism which Nietzsche and Kierkegaard had seen like an uncertain blackness on the horizon.

の孤独』のスペイン語版。僕はずっと持っていたけど、全部は読んでないんですよ。ただ、あちこち拾い読みをして、気になったところは線を引いていた。日本語版が文庫になるという話を聞いて、最初から読んでみようという気になったんです。一七〇ページまで読みました。今すぐ読めなくても、机の上に置いておけば、十年、二十年後に生きてくることがある」

知識を習得できることだけが、本を読む目的ではない。

「僕にとって本を読むことは、音楽を聞くことと同じです。ビートルズのヒット曲は、ファンじゃなくても一生のあいだに何十回も聞くでしょ？ 聞くつもりがなくても耳に入ってくる。そんな感じで、しょっちゅう手にとっている本のあるページやある一節が、自分のなかで反響するんです。反響したものが、文章を書くとき役に立つ」

読み込んでボロボロになった洋書は、チリの詩人パブロ・ネルーダの回想録。

読了を目指すよりもパラグラフリーディング

音楽を聞くように本を読むには、どうしたらいいのだろう。

「あるとき、友人で音楽家の小島敬太くんと話をしたんですね。いろんな本のパラグラフを抜き出して、とにかくそれを熟読するだけのパラグラフリーディングのイベントを開いたら楽しそうだなって。みんながお気に入りの本を持ち寄って、自分の本を読むとはかぎらなくて、どれでもいいからその場でパッと開いた部分を順番に読んでゆく。〈俺たちはパラグラフライダーだ！〉と。パラグラフに乗るみたいに、パラグラフに乗るわけ」

パラグラフを読むだけなら、誰でも気負わず参加できて楽しそうだ。

「パラグラフリーディングって、僕はす

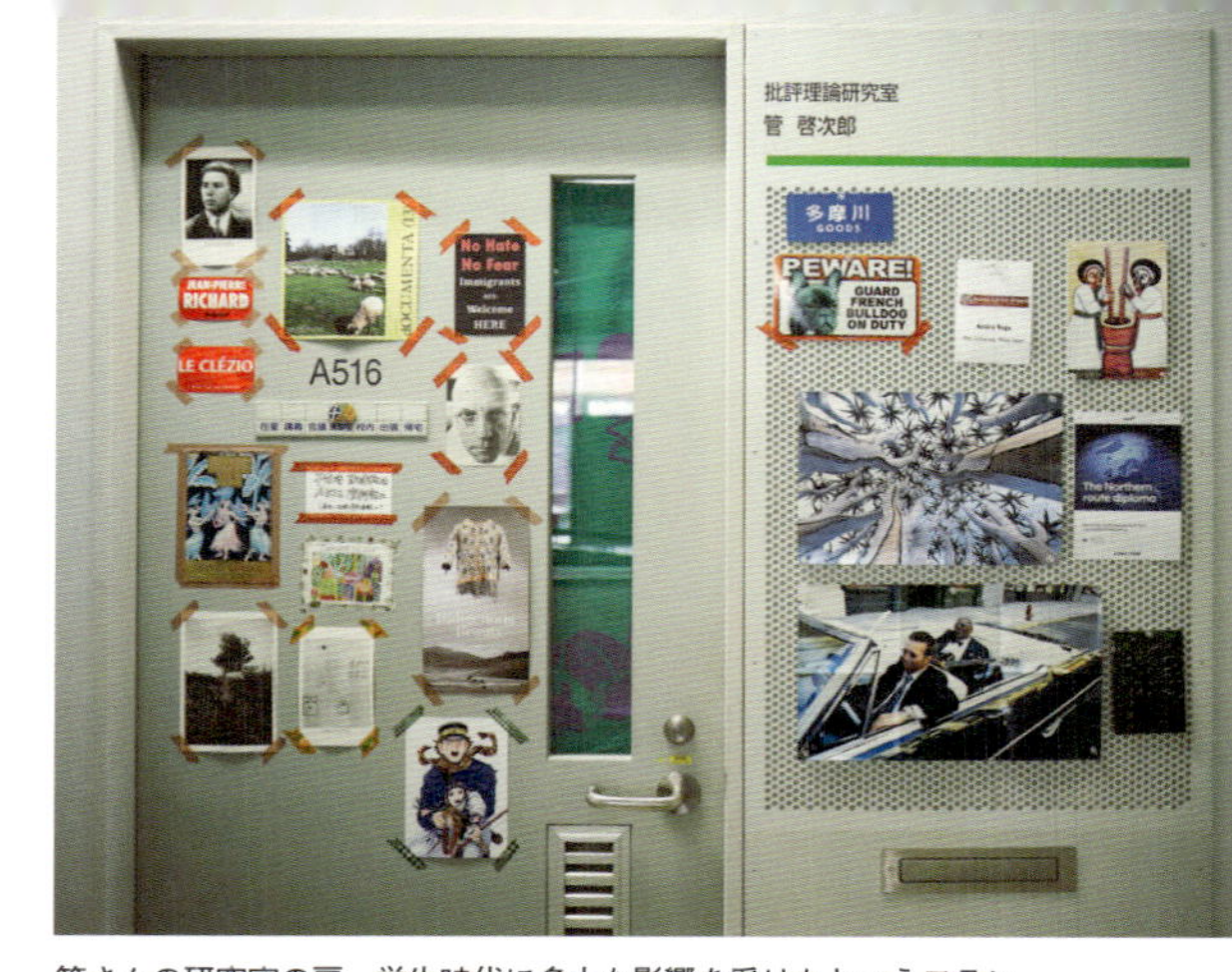

管さんの研究室の扉。学生時代に多大な影響を受けたというフランスの思想家ミシェル・フーコーの写真が貼られている。

ごく本質的なことだと思っていて。ある本がどんな文体で、どういう人に向けて、どんな考えをこめて書かれているか、パラグラフを読めばだいたい明らかになる。三百ページの本を通読して、ぼんやりとしか覚えてないよりも、一段落を集中して読んで、残るものがあるほうが遥かにいい」

管さんが最近読んだ魅力的なパラグラフはなんだろう。

「ヘンリー・デイヴィッド・ソローの『ウォールデン　森の生活』の新訳が角川文庫から出るときに、解説を頼まれて書きました。原稿を書き終わったあとに、学生時代に読んだ"The Senses of Walden"のことを思い出したんですよ。スタンリー・キャヴェルという思想家が『ウォールデン』を読み解いた本です。数十年ぶりに読み返してみたら、素晴らしかったですね。いろんな言葉がよみがえって、沁みわたってくるような感じがありました」

言葉は一冊の本のなかにおとなしく閉じこもっているものではないという。

「一人の著者が書いた言葉がいろんな本のなかに飛び散っているわけです。たとえばアルベール・カミュの『異邦人』や『ペスト』をフランス語の原著で読んで、英訳で読んで、日本語訳も読んだことがあるという場合、原著のテキストだけではありませんよね。原著がいろんな形で他の言語のなかに呼び覚ました何かを読むことになる。カミュの影響を受けた文体が、英語にも日本語にも生まれてゆく」

一冊の本を最後まで読んで、結末や結論を知ることは重要ではない。パラグラフをじっくり読んで、文体をつかみとったほうが、その本が自分のなかでのちのち生きてくるのだ。

本は完成形の商品ではない地面に生えている植物

「書店の棚を見て、スーパーマーケットのように思っている人が大部分でしょう。でも、本は完成形の商品じゃない。本棚はガーデニングをやっている土であり、本は植物なんです。まだ発芽していないものもあるし、これから育ってゆくものもあるし、先の予測はまったくつかない。しかも周りに雑草が生える。その雑草が大事です」

パッケージされた商品として本を見ることから解放されて読めるという意味でも、管さんはパラグラフリーディングをすすめている。

「現代は商品社会です。今の子供たちにとって最初の社会的な行動は、お店に行って何かを買うことでしょう。アイデンティティの一番コアな部分が商品によってできあがっている。いくつかある商品のなかからどれを選ぶかということが、権力を初めて行使した経験になる。そのままの流れで成長しているから、知識といっても結局は商品知識しかない。そのことがさまざまな偏見や、属性で人を差別することにつながるんです」

商品社会と密接につながる個人主義的な考え方が、人を不幸にしているのではないかと管さんは語る。

「アイデンティティというと、この私を見て認めてくださいみたいな、人間の内面から出てくる心理学的な要請をイメージするかもしれない。実はそうじゃなくて、個人であることを強いるためのもの。自分を外側から見て位置づけてくるものだと思います。権力にとっては、みんなに個人でいてもらったほうが都合がいい。法的にも経済的にも支配しやすいからです」

管さんが「僕の最高傑作」と見せてくれた写真。モーリス・ブランショの『友愛』という本の上にメタセコイアの種をのせている。

芸術における真の目的はアイデンティティを壊すこと

本には著者がいて、芸術は一人で創るものというイメージがある。

「アーティストは自分のなかにいろんな知識や技術を凝集する力を持っていて、他の誰にもできないことをやってのける人たちです。だから逆説的ではありますが、芸術の目的はアイデンティティを壊すことにしかない。独創的に見えるアーティストほど、一人で完結していません。常に自分の外側にあるものと交感して、爆発しそうになっている。そういう芸術に触れると、アイデンティティに固執することにはほとんど意味がないと思います」

インターネットが普及しはじめてから四半世紀以上経って、知識や技術の共有は進んだが、アイデンティティをめぐる争いも激化している。

「インターネットの黎明期に、コピーレフトという言葉が生まれたんですよ。コピーライトの反対で、著作権者が著作物の自由な利用を認めることを推進していた。僕は面白いと思って、一時期コピーレフトを表明していたんです。自分が原稿料をもらうにあたって問題が出てきて、今はコピーライトに戻しましたけど(笑)。作品によって自己を承認されること、知識や技術を独占することにこだわらず、可能なかぎり他者と自由に交感したほうが、新しいものは生まれるでしょう」

インターネットにはまだまだ可能性があると管さんは言う。

「僕がインターネットを使いはじめた当時、これからは英語一辺倒になるのではないかと危惧していた人たちがいました。ところが、二〇〇〇年代初頭に、アラビア語のフォントが出てきた。衝撃を受けました。YouTubeでは文字を持たない民族の言葉を聞くことができます。インターネットは完全に多言語空間になっているんです。すごく革命的なんだけど、いかんせんうまく使われていない。パクリ論争などの揉め事が起こるのは、個人主義的な考え方が根強いからです」

もう一つ可能性があるものとして、管さんが挙げるのは共同制作だ。

「二〇一一年のクリスマス・イヴに、『朗読劇「銀河鉄道の夜」』を上演しました。作家の古川日出男が脚本と朗読、先ほども名前を出した小島くんが音楽、僕が詩を作って。その後、翻訳家の柴田元幸さんのバイリンガル朗読が加わり、四人でツアーをして、東北各地を回って。この顔ぶれでしかできない試みでしたし、僕にとっては大きな経験になりました」

二〇一四年から七回の期間限定で、「鉄犬ヘテロトピア文学賞」も開催した。選考

人々の小さな営みに目を向けた「鉄犬ヘテロトピア文学賞」(2020年に終了)のトロフィー。

委員は小野正嗣、温又柔、木村友祐、管啓次郎、高山明、林立騎、山内明美。選考基準は〈小さな場所、はずれた地点を根拠として書かれた作品であること〉〈場違いな人々に対する温かいまなざしをもつ作品であること〉〈日本語に変わりゆく声を与える意志をもつ作品であること〉。

「『鉄犬ヘテロトピア文学賞』を立ち上げたのは、二〇一三年に十和田奥入瀬芸術祭の出品作家として、展覧会のための本を編集したことがきっかけです。作者に対する尊敬と連帯の気持ちを伝えるために我々が勝手に選び、作者は受賞を拒否することができない。たとえ拒否しても、トロフィーを玄関前に置きに行くという賞です（笑）。トロフィーは、選考委員である木村友祐の兄で八戸在住のオブジェ作家、木村勝一さんが作ってくれました」

積ん読は新しい秩序と出会いをつくりだす

本という形にこだわらず、本の世界を広げている管さん。

「さまざまな言葉の響き合うものが、たまたま本の形をしているというだけです。本を一度パラグラフに分解して、流動した状態に戻す。流動化させることによって新しい出会いをつくりだす。それがパラグラフリーディングの裏面にある考え方です」

積ん読も出会いをつくりだす。

「創造の本質は融合にある。本が一冊だけぽつんと孤立していては何も起きないでしょう。

本が山と積まれたときに、新しい秩序が生まれる。書店や図書館では隣り合うはずのない本が、自分の手によって隣り合う。それぞれの山のなかでも言葉が交感し続けるんじゃないかな。だから積ん読を怖がることはないんです」

すが・けいじろう
1958年生まれ。詩人、比較文学研究者。明治大学〈総合芸術系〉教授。著書に『本は読めないものだから心配するな』（筑摩書房）、『エレメンタル 批評文集』（左右社）、『犬探し／犬のパピルス』（インスクリプト）など。

おわりに

本書のはじめに「なぜわたしたちは本を積んでしまうのか」という問いがあった。今回、十二人にインタビューしてみたら、答えはみなさん違っていた。みんな違ってみんな面白い。それだけで、取材してよかったと思う。

本というのは辻山良雄さんがおっしゃっていたように「世界」であり、いろんな世界を行き来することで、自分の世界も変わる。本を読んだときと同じように、みなさんのお話を聞いていると、それぞれ異なる世界を旅している気がした。

取材をはじめる前、わたしは積ん読になんとなく罪悪感をおぼえていた。自宅は2LDKのマンションで、同居する家族もいて、全部を本で埋め尽くすわけにはいかない。要するに小さな世界で生きていて、そこに自分のキャパシティを超える量の本を置いている現状はどうなのかと思っていた。

でも本書の取材を経て、積ん読に希望を見出すことができた。山本貴光さんがおっしゃるように本は知識のインデックス。池澤春菜さんのように超人的な能力はないけれど、読みたい本がたくさんあるのは幸せなことだ。とはいえ、居住空間は限られているので、飯間浩明さんの方法を参考にしながら、積ん読とうまくつきあっていけたらと考えている。小川公代さんのように自分だけの部屋を確保して。

ちなみに、飯間さんとマライ・メントラインさんがお持ちだった裁断機を取材後まもなく買ったが、いまだに箱を開けていない……。そして角田光代さんのリタイア後用の積ん読『戦争×文学』全集を注文するかどうか悩んでいる。

なぜ悩んでいるかというと、すでに小川哲さんのお話に出てきた『ガーンディーの性とナショナリズム』を買ってしまったから。税込み九千六百八十円！　柴崎友香さんのインタビューに出てきた『一年一組　せんせいあのね』、しまおまほさんのことが書かれている『夢屑』も買った。他にも積ん読が増えた。柳下毅一郎さんがおっしゃるように、欲望には際限がない。

しかも『一年一組　せんせいあのね』は、買ったばかりなのに家の中で行方不明になっている。収納について米田まりなさんにアドバイスしていただいたので、本書が校了したら大掃除をするつもりだ。

この取材を通して、新たな課題も生まれた。それは「本を読むってどういうことだろう？」という問いだ。知りたいことがあるのは楽しい。管啓次郎さんに教えていただいたパラグラフリーディングを実践しながら考えていきたい。

取材を引き受けてくださったみなさんに、あらためて、心より御礼申し上げたい。おかげで読みごたえのある本になった。

著者はわたしということになっているが、相馬ミナさんの写真と、小田真一さんのディレクションがなければ、この本は存在しなかった。本が好きな三人であれこれ話し合いながら作った本だ。

わたしたちと同じく本が好きな人に、積ん読談議を楽しんでいただけることを願って。

二〇二四年八月十八日　石井千湖

（著者撮影）

石井千湖

書評家。大学卒業後に書店員となり、2004年より文芸を専門とするライターとして活動を開始。現在は新聞、雑誌、Webで幅広く活動中。著書に『文豪たちの友情』(新潮文庫)、『名著のツボ 賢人たちが推す！　最強ブックガイド』(文藝春秋)がある。

積ん読の本

著　者　石井千湖
編集人　東田卓郎
発行人　殿塚郁夫
発行所　株式会社主婦と生活社
〒104-8357 東京都中央区京橋3-5-7
[編集部] ☎03-3563-5129
[販売部] ☎03-3563-5121
[生産部] ☎03-3563-5125
https://www.shufu.co.jp
jituyou_shufusei@mb.shufu.co.jp
製版所　東京カラーフォト・プロセス株式会社
印刷所　共同印刷株式会社
製本所　小泉製本株式会社

ISBN978-4-391-16283-7

十分に気をつけながら造本していますが、落丁、乱丁本はお取り替えいたします。お買い求めの書店か、小社生産部にお申し出ください。

撮影　相馬ミナ
デザイン　川村哲司(atmosphere ltd.)
校閲　安藤尚子　河野久美子
編集　小田真一

読者アンケートにご協力ください

この度はお買い上げいただきありがとうございました。『積ん読の本』はいかがだったでしょうか？　以下のQRコードからアンケートにお答えいただけると幸いです。今後のより良い本作りに活用させていただきます。所要時間は5分ほどです。

＊このアンケートは編集作業の参考にするもので、ほかの目的では使用しません。
詳しくは当社のプライバシーポリシー
(https://www.shufu.co.jp/privacy)をご覧ください。